CW00724973

cofio
GRAV

cofio
GRAV

Keith Davies (gol.)

y Lolfa

Argraffiad cyntaf: 2008

℗ Hawlfraint y cyfranwyr a'r Lolfa Cyf., 2008

Mae hawlfraint ar gynnwys y llyfr hwn ac mae'n anghyfreithlon
i lungopïo neu atgynhyrchu unrhyw ran ohono trwy unrhyw
ddull ac at unrhyw bwrpas (ar wahân i adolygu) heb gytundeb
ysgrifenedig y cyhoeddwyr ymlaen llaw.

Dymuna'r cyhoeddwyr gydnabod cymorth ariannol
Cyngor Llyfrau Cymru.

Dylunio: Robat Gruffudd
Llun y clawr: Emyr Glasnant Young
Diolch i Media Wales Ltd am y lluniau ar dudalennau 22 a 23

Rhif Llyfr Rhyngwladol: 9781847710451

Cyhoeddwyd ac argraffwyd yng Nghymru
gan Y Lolfa Cyf., Talybont, Ceredigion SY24 5AP
gwefan www.ylolfa.com
e-bost ylolfa@ylolfa.com
ffôn 01970 832 304
ffacs 832 782

I MARI, MANON A GWENAN

Teyrnged Kev

RODD GRAV YN fachan sbesial iawn.
Odd 'da fe amser i bawb. Dim ond
dwywaith eriod 'nes i gwrdd â fe, ond
rodd e'n neud i fachan cyffredin fel fi o
Gwmllynfell dwmlo fel brenin. Y tro cynta,
dath e ato i yn estyn ei law a gweud 'Ray
yw'r enw. Ray Gravell.' Fel tase isie iddo fe
gyflwyno'i hunan! Ond rodd e'n trin pawb
'run peth, dim ots pwy o' chi. Nath e i fi,
Kev Bach, odd yn neb, dwmlo fel Prins
Charles.

Odd grondo ar Grav ar y radio fel grondo
ar hen ffrind. A trwyddo fe a'i raglen ges
i'n hyder 'nôl yn yr iaith. Grav nath i fi
sylweddoli bod dim rhaid i'n Gymrag i fod
yn Gymrag posh. Sdim dowt amdani – odd,
odd e'n fachan sbesial iawn.

KEV BACH
*Cefnogwr brwd i Glwb Rygbi Cwmllynfell
ac un o wrandawyr cyson rhaglen Grav yn
y Gorllewin.*

Diolchiadau

D IOLCH I BAWB a wnaeth y gwaith o gasglu'r teyrngedau amrywiol hyn at ei gilydd yn gymharol hawdd. Efallai fod hynny'n dweud cryn dipyn am wrthrych y teyrngedau. Mae fy niolch yn fawr i'r canlynol:

yr holl gyfranwyr, 'cyffredin ac ysgolhaig', am fod mor barod i gyfrannu i'r gyfrol; y ffotograffwyr Emyr Glasnant Young ac E Wyn Jones; Alun Jones am ei ysbrydoliaeth, ei ddwrdio, ei wthio, a'i frwdfrydedd diflino; i Meinir Edwards a holl staff y Lolfa, criw oedd yn golygu cymaint i Grav.

Diolch o galon i'r 'Gels' ym Mrynhyfryd, Mari, Manon a Gwenan, am y croeso cynnes ac am eu gwaith caled wrth grynhoi cymaint o'r deunydd.

Yn ola', diolch, Grav, am ysbrydoli y fath eiriau.

KEITH DAVIES

Nodyn: ceisiwyd cysylltu â chynifer â phosib o'r cyfranwyr. Ymddiheurwn os na chafwyd gafael ar bawb.

Bydd elw'r gyfrol yn mynd at Gronfa Goffa Ray Gravell.

Cyflwyniad – Gŵr o galon

Y MAE'R CASGLIAD hwn o gerddi a darnau rhyddiaith
sy'n canmol, gwerthfawrogi, anwylo ac ymddifyrru
yn Grav, i'w ystyried yn gymar i Gleddyf Mawr yr Orsedd
wedi'i ddyrchafu uwchben buddugwr o Gymro. Gwelsom
droeon ei bleser amlwg ef wrth iddo chwarae'i ran
yn y seremonïau eisteddfodol i ddathlu camp bardd a
llenor, a chydnabod dyled cenedl i amlhawyr cerddi a
storïau'r Gymraeg. Ac yma, yn y casgliad hwn, wele'r
beirdd a'r llenorion yn cydnabod eu dyled hwythau i
un a fu'n enau llafar iawn i'r Gymraeg yn ein dyddiau
ni, yn un o'i serchogion mwyaf enillgar ar faes a sgrin,
ar lwyfan ac mewn stiwdio, ac ar aelwydydd lawer – o
Frynhyfryd ym Mynydd y Garreg i bob parth o'i famwlad.
Megis 'Heddwch!' unfryd y dorf sy'n selio buddugoliaeth
pancampwyr llên ein prifwyl, y mae pob un o'r
cyfraniadau hyn yn floedd sy'n cyfarch rhagoriaeth y gŵr
o'r Gwendraeth. 'Gweinier y cledd' a gorffwysed y gwron
yn llawnder ei deilyngdod.

Ni fydd parhad i genedl na wêl werth yn ei chwedl
hi ei hun, wedi'i hadrodd yn ei hiaith wreiddiol ei hun.
Fe gafodd Grav, fel y'i clywais yn dweud, olwg glir ar
ddisgleirdeb chwedl y Cymry wedi iddo ymgymryd â
swydd 'Ceidwad y Cledd'. Yr oedd eisoes, wrth gwrs,
wedi cael golwg glir arall arno wrth chwarae dros ei
wlad mewn gornestau rygbi cydwladol, ac y mae'n sicr
fod cael gweld chwedl ei genedl yng ngolau seremonïau
a defodau prifwyl a thwrnamaint wedi angerddoli'r
gwladgarwch a oedd yn hanfod ynddo er pan oedd yn
grwtyn. Yr angerdd hwnnw a sicrhaodd iddo'i le yn
chwedl ei bobol, a'i gwnaeth yn ysgogwr storïau amdano

ef ei hun yn ystod ei oes ei hun ac, fe fentraf ddweud, am amser eto i ddod.

Dyna sy'n rhoi gwerth arbennig ar y gyfrol hon – dyma'r prawf cyntaf wedi'i farw na chaiff stori Grav ddarfod. Y mae mor briodol mai'n beirdd a'n llenorion, yn ôl eu hen, hen fraint, yw'r cyntaf i gynnig eu storïau arhosol amdano, storïau sy'n dweud wrthym yn lleddf ac yn llawen ein bod am ddal gafael arno. Fel y byddai ef yn arfer canu caneuon Dafydd Iwan ledled daear, fe obeithiaf y bydd canu ac adrodd, hefyd, ar rai o gerddi'r casgliad hwn yng nghlybiau rygbi Cymru – a chyn i'n tîm ni ddod i'r maes cenedlaethol yng Nghaerdydd yn anad unlle. 'Cân Grav' – mae mawr angen amdani!

'Beirdd byd barnant gwŷr o galon'. Os bu 'gŵr o galon' yn y Gymru hon yn ddiweddar, Grav oedd hwnnw. Ac yn ei farw fe'n gwnaeth ni i gyd yn feirdd, miloedd ohonom i gyd am y gorau yn canu ei glodydd. Pam? Am ei fod yn dalp o wladgarwch diledryw a hwnnw'n wladgarwch calon-agored a oedd yn barod i gynnwys pawb. Gwladgarwch i greu cyfeillgarwch. Roedd caru Cymru a chredu yng ngallu ei gyd-wladwyr mor naturiol iddo ag anadlu.

Mae yna linell gan Waldo Williams a allai fod wedi'i hysgrifennu ar gyfer Grav – 'Ynof mae Cymru'n un. Y modd nis gwn.' Petai rhywun wedi gofyn iddo esbonio'i wladgarwch mae'n siŵr gen i y byddai wedi'i ateb yng ngeiriau Dafydd Iwan:

> Peidiwch â gofyn eich cwestiynau ffôl,
> Peidiwch edrych arna i mor syn;
> Dim ond ffŵl sydd yn gofyn
> Pam fod eira yn wyn.

Waldo Williams, hefyd, a ofynnodd 'Beth yw bod yn genedl?' A'i ateb oedd, 'Dawn yn nwfn y galon.' A dyna wladgarwch Grav. Dawn greddf, rhywbeth anniffiniol, ond yn achos Grav rhywbeth a oedd yn gyson weladwy a chlywadwy. Roedd gwreiddiau ei ddawn fawr yn ddwfn iawn yn ei galon e.

Rwy'n ei gofio yn ein Llyfrgell Genedlaethol yn Aberystwyth pan oeddem yn dathlu pen-blwydd y gyfres ragorol honno, *Cof Cenedl*, yn ugain oed. Doedd e ddim yn credu fod ganddo hawl i fod ynghanol 'y bobol ddysgedig'. Doedd dim ganddo i'w ddweud! Ond roedd pawb yno'n gwbwl siŵr o'i hawl i siarad a hynny'n syml am ei fod yn ymgorfforiad o Gymreictod cyson, cywir-galon a dirodres. Cymro balch o'i dras. FITAMIN C o Gymro.

Diolch amdano. A diolch i Wasg y Lolfa a beirdd a llenorion y gyfrol hon am dynhau ein gafael ni oll arno.

HYWEL TEIFI EDWARDS

Y Teulu

I Ray a Mari – ar enedigaeth Manon

I Mari a Ray mawr yw'r hwyl – o eni
    Eu Manon fach annwyl;
    Daeth angyles i'w preswyl, –
    Y wyrth! Mae yn uchel Ŵyl.

ALED GWYN

Mae'r dydd, mae'r Mynydd, mae'r don – mae'r dolydd,
    Mae'r dail ac mae'r galon
    Yn hwmian enw Manon,
    Mae hi'n haf yng nghwmni hon.

MYRDDIN AP DAFYDD, GORFFENNAF '95

I Ray a Mari – ar enedigaeth Gwenan

Un annwyl fis Gorffennaf – i'n haelwyd
    Daeth heulwen cynhesaf,
    Gwenan ei hunan yw'n haf,
    Yr un lon, yr un lanaf.

ALED GWYN

Un nyth yn llawn cywion iach – yn gyflawn
    Yn un goflaid mwyach,
    Closio'n dynn i fyd gwynnach,
    Uno i fyw i Gwenan fach.

CARYL PARRY JONES

MARI

PUM DEG MIL fwy neu lai. Mwy mae'n bur debyg, ond mae'r ffigwr yn ddigon agos. Dyna'r nifer o bobol dw i wedi siarad efo nhw yn y stiwdio ers cychwyn gwasanaeth Radio Cymru, ddeng mlynedd ar hugain yn ôl i eleni. 'Nôl ym mis Hydref 1964 roeddwn i'n sgwrsio ar y teledu efo Hari Lloyd am y peryglon o gerdded gwartheg ar hyd ffyrdd Cymru. Dw i'n gwybod. Mae 'na rywbeth anoracaidd o drist yn y ffaith 'mod i'n dal i gofio hynny dros ddeugain mlynedd yn ddiweddarach. Ond chwara teg, honno oedd fy sgwrs gynta fel darlledwr.

'Dan ni'n cofio gwahanol sgyrsiau am wahanol resyma. Weithiau fe gofiwch chi sgwrs oherwydd eich bod chi'n teimlo fod cyfarfod y person hwnnw wedi cyfoethogi'ch bywyd chi. Tydi hynny ddim yn digwydd yn aml, ond fe ddigwyddodd i mi yn ddiweddar, ar ôl cael sgwrs efo Mari.

Roeddwn i wedi bod draw yn ei chartre yn holi ei gŵr a chan fy mod yn mynd i'r Steddfod yng Nghaerfyrddin, a hithau'n byw yn ymyl, dyna benderfynu galw unwaith eto, heb feicroffôn y tro hynny. Doedd dim rhaid i mi fynd drwy bentre Cydweli, ond fe wnes, a chodi 'nghap i fy ngwreiddiau, gan mai un o Gydweli oedd fy nhad. Yno byddwn i'n mynd i dreulio gwyliau'r ha efo fy nghefnder Adrian, a dw i'n cofio i ni wneud cleddyfau miniog peryglus, allan o hen focs orenau unwaith, er mwyn ceisio lladd ein gilydd yng nghastell Cydweli. Wyddwn i ddim ar y pryd am hanes Gwenllïan a'i brwydr yn erbyn Arglwydd y castell ar Faes Gwenllïan, safle un o'r brwydrau mwyaf arwrol yn hanes Sir Gâr.

Cefais groeso cartrefol braf ar ôl cyrraedd cartre Mari

a chyfle i sgwrsio efo'r merched, Manon a Gwenan, tra oedd Mam yn paratoi 'dishgled fach' o de. Hi ydi canol llonydd y teulu, ac o'i chwmpas roedd Dad yn chwyrnellu fel gwallgofddyn yn ei gadair olwyn ac yn daer awyddus i mi weld yr olygfa o'r balconi – Sir Gâr yn ei holl ogoniant. Yn rhyfedd iawn, o'r bryn uwchlaw pentre Mynydd y Garreg, lle mae'r teulu'n byw, yr oedd milwyr Gwenllïan yn cadw golwg ar gastell Cydweli.

Cyrhaeddodd y te, ac yn ei ffordd ddirodres, dawel, bu Mari'n sgwrsio am yr her sy'n ei hwynebu.

Ar y ffordd yn ôl i faes yr Eisteddfod yn y car, fedrwn i ddim llai na theimlo fod ysbryd arwrol Gwenllïan yn fyw o hyd ac yn rhan annatod o gymeriad Mari, a sawl Mari arall yng Nghymru hefyd.

'Syml a chadarn fel y graig' – dyna Mari, ac ar y graig hon y bydd y teulu'n adeiladu'r dyfodol newydd sydd o'u blaena.

Oes, mae 'na rai sgyrsiau yn mynnu aros yn y cof.

Hywel Gwynfryn yn *Golwg*

Cywydd Cyfarch i Ray

Heno dau faes yw dy fyd
a'r ddau yr un mor ddiwyd;
maes y beirdd, a maes i bêl
y cochion a'r gic uchel.
Y mae ambell linell wen
i Ray yn denu'r awen;
y llinell draw'n y pellter,
dyma ei nod, mae hi'n her.
'Mlaen, ymlaen am ei linell
yr âi â'r bêl, er mor bell,
y bêl a'i hawliai'n ddi-ball
i'w serio yn gais arall.
Bydd llinell yn Llanelli
a ddaw'n wefr trwy'n strydoedd ni
yn eu gwyrdd, eu glas a gwyn,
yn fyw dan gleddyf wedyn.
Fe â Ray ymlaen trwy'r fro
yn gawr â chledd i'w gario;
cadw trysor yr orsedd
a'i gadw o hyd gyda hedd.
Ynof mae cof am y cae,
a chawr fu arno'n chwarae'n

greulon i estron o hyd
a dof i'w ffrindiau hefyd.
Yr un â'i gais yn troi'n gân
yn ei enaid ei hunan.
Peri afiaith i'n prifwyl
wna Ray ar lwyfan yr Ŵyl,
eto llai fyddai ei fyd
heb lwyfan y bêl hefyd.
Anrhydedd i rai ydyw
i ddyn eu dyrchafu'n Dduw:
Anrhydedd i Ray wedyn
oedd i Dduw ei wneud yn ddyn.

Tudur Dylan Jones
Ionawr 1998

19

RAY

Yr wyt ti Ray yn arwr i mi,
nid yn unig oherwydd i ti feistroli dy grefft
a rhedeg reiat o rygbi ar draws meysydd Cymru,
ond fe gymeraist dân y ddraig,
a'i gyfieithu yn angerdd
ym merw'r Strade a Pharc yr Arfe;
Gwelais yn dy angerdd di
adlais cenedlaethau a fu'n ochrgamu
caledwch y ffâs a'r ffridd.
Gwelais, yn dy ddagrau gwladgarol,
y tynerwch a wnaeth ohonot gyfathrebwr naturiol.

Paid â synnu, Ray, ar faint dy lwyddiant,
wrth rannu dy frecwast
â'r miloedd mewn mwyniant;
ni wisgaist amdanat y masg cyfryngol,
yr wyt wrth ein byrddau yn gwbl naturiol,
ac yn hawdd dy garu.

Mae dy gyfeillgarwch di Ray yn eithafol,
dy gariad at dy wlad yn ddiarhebol.
Daeth ar dy draws frwydr newydd,
ac mae awydd ynom i dalu'r gymwynas yn ôl.
Trwy dy ddawn a'th dynerwch, yn gadarn a chry',
enillaist dy le yn ein c'lonnau ni,
os byddi mewn angen, coda gri,
fe ddown yn un dyn at dy ochr di.
EMLYN DOLE A GWENDA OWEN

Y llinell draw'n y pellter
dyma ei nod, mae hi'n her.

Salwch

'Nôl o wely ei waeledd'

Englynion

Tyrd â'th gân draw i'n canol ni eilwaith,
  Rho'r alaw i'th bobol.
    Ar un waith tyrd Ray yn ôl,
    Brysia wella yn hollol.

Wedi ei gyflwyno gan **TUDUR DYLAN I GRAV** *yn yr ysbyty*

Llenwaf fy mhedair llinell â geiriau
  O gariad, i'th gymell.
    A mwy, Grav, rhof lond stafell
    I'th gael 'nôl yn hollol well.

Wedi ei gyflwyno gan **MERERID HOPWOOD I GRAV** *yn yr ysbyty*

Gweld y gorwel wna'r gwladgarwr – gweld cais
  A gweld coch yn heriwr,
    Aml chwedl drwy'r genedl yw'r gŵr,
    Un o'r werin yw'r Arwr.

ANEIRIN KARADOG

DIOLCH

(wrth ymweld â Maes Gwenllïan, Cydweli)

Heddiw yn nhwf y cloddiau
ei hanes hi sy'n nesáu,
a'i hau yn drais ar dir âr,
y cae hŷn na'r cof cynnar.

Mae trueni'n y gwiail
a gwaed oer ar blyg y dail;
daw dŵr y nant trwy dir neb
i weundir y creulondeb.

Er i ddolur flaguro
yn frwydrau ar frigau'r fro,
eto'n un wlad down ati
hyd lôn werdd ein cenedl ni.

GERAINT ROBERTS
Dyma'r cywydd a gyflwynwyd gan Geraint Roberts, y prifathro, i Ray ar ei ymweliad ag Ysgol y Strade ym Mehefin 2007 ac yntau'n dost ar y pryd, wedi iddo fe fod yn cerdded ar Faes Gwenllïan – maes roedd Grav yn gallu ei weld o'i gartref.

Englynion

Y Cymro digymrodedd – yn ŵr iach
    Fe ddaw Grav i'r orsedd,
    'Nôl o wely ei waeledd
    Eto i gludo ei gledd.

Os rhoed y job i Robin yn ei le,
    Y mae'r wlad yn erfyn
    Eilwaith gael gweld ei heilun
    Yn rhengoedd y gwisgoedd gwyn.

Llafaredd yn llifeirio fu erioed,
    A'i frwdfrydedd gwallgo,
    A'i anwyldeb di-ildio,
    Mae'n well byd y man lle bo.

DIC JONES AC IDRIS REYNOLDS (*mewn gwesty yn Llundain pan oedd Grav yn gwella*)

Wastad trwy bob un cystudd – y mae hwn
    Yma o hyd, oherwydd
    Ni ŵyr dy wên golli'r dydd,
    Na rhoi mewn, Ray o'r Mynydd.

TUDUR DYLAN – *Golwg*

Os da ydyw'r nos ddistawaf, a gwell
    Ydyw gwawr pan glywaf
    Gân yr adar cynharaf,
    Gorau oll yw clywed Grav.

MERERID HOPWOOD (*yn fyw ar ei raglen radio pan ddychwelodd i ddarlledu wedi ei dostrwydd*)

Pan fo'r glaw yn curo'n drwm
   A rhaglenni'r radio'n llwm,
   Yr un gân yw'n cais ni 'gyd –
   O na fyddai'n Grav o hyd.

CERI WYN JONES (*pennill yn cyfarch Grav pan
ailddechreuodd ddarlledu*)

Cynhaea o englynion
yn Eisteddfod Genedlaethol y Fflint

Wyt yr enaid tirionaf; wyt ein nerth;
Wyt ein hwyl. Er gwaethaf
Yr ergydion creulonaf
Wyt gawr o hyd. Ti yw Grav.

DAFYDD JOHN PRITCHARD – *enillydd englyn y dydd*

Er arafu mor rhyfedd storm dy fyd,
Cwyd wely dy waeledd
A rhodia, rho anrhydedd
Ein gŵyl oll dan lafn dy gledd.

HUW MEIRION EDWARDS

Un Grav, ac mae'n gawr o hyd, – yn Arthur
a'i nerth yn dychwelyd
yn hwb i'r Ŵyl, mae'n hen bryd
i'n haf gael ei lafn hefyd.

IWAN LLWYD

Er ei lorio'n ddyn llonydd – yna mynd
O'n maes at ei gystudd,
Mi wn y daw o'r Mynydd
Ac y rhed o i Gaerdydd.

MEI MORYS A TWM MAC

Dere'n ffigwr arwrol – o'r meysydd
I'r maes yn fuddugol,
I'n Llanelli ni yn ôl
A hynny yn y canol.

IDRIS REYNOLDS

Yn y floedd pan gyhoeddaf – enw dewr
Glyndŵr a'r Llyw olaf
Yn daran, gyda'r dewraf
Yno'n groch mae enw Grav.

ANHYSBYS

Yn nhwrw balch stadia'r byd, yn afiaith
Y brifwyl, mae'i ysbryd
Ar dân, ond gartref hefyd
Y mae'r boi yn Gymro i gyd.

ANHYSBYS

Heb ddewis byw'n benisel – a sarrug,
a suro'n y gornel,
A oes Gymry sy â'u sêl
Gryfed ag un Ray Gravell?

ANHYSBYS

Oerwyd y dorf pan loriodd un boi hwn
Heb y bêl. Ond rhywfodd
Y mae ias i ni'n y modd
Cadarn, cadarn y cododd.

ANHYSBYS

Wedi i ddwrn yr ergyd ddwyn
I'w orweddfa'r cawr addfwyn.

DIC JONES

Cymru'n hiraethu ar ôl ei 'Glyndŵr'

C ALON Y DYN a oedd mor dwymgalon a'i bradychodd yn y diwedd a hynny er yr holl ffydd a oedd ganddo ynddi.

Ac yntau ar ei wyliau yn Sbaen a newydd ffonio ffrind agos iddo, bu farw Ray Gravell, cyn-ganolwr tîm rygbi Cymru, yn dilyn trawiad ar y galon yn hwyr ar ddydd Mercher, yn 56 blwydd oed. Y galon sydd yn rhoi bywyd i berson ond i Ray ei galon a roddodd hanfod cryfder ei bersonoliaeth iddo ac ohoni hi llifodd yr ysbrydoliaeth a'i rheolodd. Ei emosiynau byrlymus a luniodd ei bersonoliaeth.

Cofleidiodd y byd gyda brwdfrydedd ac roedd y bydoedd y dewisodd fyw ynddynt, y byd rygbi a darlledu, yn ei gofleidio yntau am eu bod yn ei werthfawrogi y tu hwnt i bob ffiniau. Wn i ddim am unrhyw un mor uchel ei barch â Ray Gravell yng ngerwinder y byd rygbi nac yn y byd darlledu sydd yr un mor gystadleuol. Ni chafodd geiriau angharedig eu cyfeirio ato ef ac ni wnaeth ef leisio geiriau anghyfiawn am unrhyw un arall chwaith. Er yr holl siom a'r tristwch a wynebodd, megis dod o hyd i'w dad wedi iddo gyflawni hunanladdiad, a'r gofid emosiynol wrth wynebu'r math gwaethaf o glefyd y siwgwr, eto i gyd gwelai'r byd drwy lygaid addfwyn, a sicrhaodd gwres ei galon anhunanol, ei fod yn gweld cysur ym mhob man.

Chwaraeodd Ray Gravell ei gêm gyntaf dros Gymru ar y Parc des Princes yn 1975 ac yntau'n un o chwe chap newydd y diwrnod hwnnw. Hon oedd gêm gyntaf y tymor

a Chymru enillodd y tair gêm agoriadol yn gyffyrddus. Ond, gyda'r 'gamp lawn' ar y gorwel, roedd Murrayfield yn eu haros ac nid am y tro cyntaf sicrhaodd yr Alban na fyddent yn llwyddo. Ond, eto i gyd, y tymor wedyn, cafodd Ray Gravell gyfle i ddathlu'r 'gamp lawn' a rhwng 1975 ac 1982 chwaraeodd dair ar hugain o weithiau dros Gymru.

Sgoriodd ei unig gais dros ei wlad yn erbyn yr Alban yn 1978, ac ennill y 'gamp lawn' unwaith eto'r flwyddyn honno. Dywedodd wedyn iddo daflu'r bêl mor uchel i'r awyr yn ei ecstasi nes ei fod yn dal yn disgwyl iddi ddisgyn!

Cafodd y Cymro twymgalon hwn ei eni ym mhentref Mynydd y Garreg, yn Sir Gâr, a dangosodd gyda balchder i bawb mai Cymro oedd e. Dyn ei filltir sgŵar oedd Ray Gravell ac er ei holl deithio ni throdd ei gefn ar ei gartref. Ble bynnag yr âi byddai ei Gymreictod yn ddisglair amlwg.

Dywedodd Carwyn James, ei fentor a'i hyfforddwr yn y clwb a anwylai, sef Llanelli, na wnaeth unrhyw chwaraewr wisgo crys coch Cymru gyda chymaint o falchder â Ray Gravell. Yn 1980 cafodd ei ddewis fel aelod o garfan Llewod Billy Beaumont i deithio i Dde Affrica a bu'n aelod brwd o'r garfan honno.

Roedd yn graig gadarn, yn 'Glyndŵr' barfog yn y canol, yn daclwr eofn ac yn ymosodwr digyfaddawd. Rhain oedd y nodweddion amlwg ond peidied neb ag anghofio ei fod yn meddu ar sgiliau cywrain a bod ganddo'r dychymyg byw hwnnw i sylweddoli sut y dylai'r gêm gael ei chwarae. Er y darlun sydd gennym ohono fel y canolwr corfforol roedd yn chwaraewr sensitif a hyd yn oed yn meddu ar ryw ansicrwydd ar adegau. Ond byddai ei gyd-chwaraewyr wrth law i gynnig gair o gysur i Grav ac i roddi iddo'r hyder a ddeisyfai. Mae'r storïau doniol amdano a'i ganu nerthol yn yr ystafell newid yn chwedlonol.

Dri mis yn ôl roedd yn bresennol yn un o'i gyfarfodydd cyhoeddus olaf, yn Llanelli i godi arian at achos da – ac yntau wedi goresgyn profiadau hunllefus yn ystod y gwanwyn. Roedd yn gwella ar ôl gorfod colli ei goes dde o dan y pen-glin ym mis Ebrill o ganlyniad i'r math gwaethaf o glefyd y siwgwr. Ef oedd y siaradwr olaf a hithau wedi bod yn noson hir. Doedd ganddo ddim nodiadau o'i flaen ond siaradodd yn huawdl am awr am ei hoffter o rygbi, ei ffrindiau, ei deulu (Mari, a'i ddwy ferch) ac am ei falchder o'i filltir sgŵar. Gellid clywed pìn yn disgyn.

Yn eironig bu farw 35 mlynedd i'r diwrnod, bron i'r funud, pan enillodd Llanelli ei buddugoliaeth gofiadwy yn erbyn y Crysau Duon, gyda Ray Gravell yn aelod mor amlwg a gogoneddus o'r tîm hwnnw.

Addasiad **ALUN JONES** *o deyrnged* **GERALD DAVIES** i Ray Gravell *a ymddangosodd yn* The Times *wedi ei farwolaeth.*

Deng mil o bobl yn angladd Ray Gravell

⌐ WELWYD GOLYGFEYDD ANHYGOEL ar Barc y Strade ddoe.
⌐ Dyma gae sy'n enwog am ei gêmau rygbi llawn emosiwn
c a wnaed yn enwocach fyth wedi'r fuddugoliaeth yn erbyn
Crysau Duon yn 1972. Ddoe roedd atseiniau o emosiynau
wahanol yno – a hwythau hefyd yn gysylltiedig â rygbi.

  Yr achlysur oedd angladd Ray Gravell. Er y byddai
wrthdaro'n aml ar ddechrau'r ganrif ddiwetha rhwng
capel a'r clwb rygbi, sef cartref y ddiod gadarn yn ôl
apelwyr, ddoe dewiswyd y cae rygbi fel mangre cynnal
wasanaeth angladdol un o ffefrynnau Cymru benbaladr, os

nad y ffefryn mwyaf ohonynt hwy oll.

Nid oes yng Nghymru gapel digon mawr i gynnwys rhyw 10,000 o bobl, gan gynnwys Prif Weinidog Cymru, Rhodri Morgan, a ddaeth i'r angladd. Daeth ef yno i dalu gwrogaeth i ŵr a feddai ar bersonoliaeth gynnes a'i codai uwchlaw gêm o rygbi. Talai ei wrogaeth i ŵr a ddaeth i gysylltiad agosach fyth â'i wrandawyr a'i wylwyr wedi iddo orffen chwarae ac ymuno â'r cyfryngau – cawsant adnabyddiaeth ddyfnach ohono na'r un a oedd ganddynt o'r chwaraewr nerthol a thalentog hwnnw a welsent o bellter ar y cae rygbi. Ie, chwaraewr a enillodd eu calonnau a gwneud iddynt anghofio'r hen blwyfoldeb oesol.

Llwyddodd Ray Gravell i daro tant yng nghalonnau Cymry benbaladr. Llwyddodd i gyffwrdd â bywydau'r rhai hynny a fu mor ffodus o'i gyfarfod, a hefyd pobl nas cyfarfu, ond a deimlai eu bod yn ei adnabod oherwydd yr agosatrwydd a drosglwyddai wrth ddarlledu ar y radio a'r teledu. Bu'r ymateb i'w farwolaeth yn anhygoel, os nad yn unigryw.

Wedi iddo orffen chwarae rygbi, ymunodd â'r BBC yn 1985, fel rhan o dîm sylwebu, drwy'r iaith Gymraeg yn bennaf. Ar y radio roedd ganddo afael ar ei wrandawyr – dim pomp na seremoni, ond gŵr gwylaidd a oedd yn fodlon dangos a mynegi ei deimladau a'i emosiynau. Gallai gyfathrebu ac fe wnaeth hynny.

Bu'n llwyddiannus yn ogystal fel actor ar lwyfan ac mewn cynyrchiadau ar deledu a chael rhannau bach mewn ffilmiau. Cafodd ran mewn ffilm gyda Peter O'Toole ac roedd diddordeb hwnnw mewn rygbi, a Munster yn arbennig, yn llinyn cyswllt amlwg rhwng y ddau. Bu'n chwarae rhan *chauffeur* yn y ffilm *Damage* gyda sêr megis Jeremy Irons, Juliette Binoche a Miranda Richardson gyda Louis Malle yn cynhyrchu – cefnogwr rygbi pybyr arall, yn arbennig rygbi Ffrainc.

Pan oedd Grav ar ei wyliau roedd ei ffrind Christy Moore yn ymddangos ar lwyfan yng Nghaerdydd ac wedi anfon gwahoddiad iddo. Ni allai 'Gravs', fel y câi ei adnabod, fod yno oherwydd bod y gwyliau gyda Mari, Gwenan a Manon eisoes wedi eu trefnu. Gwyddai Christy Moore fod 'Delirium Tremens' yn ffefryn ganddo ac addasodd y gân i gynnwys enw ei ffrind ynddi. Cafodd Ray wybod am hynny funudau cyn dioddef ei drawiad ar y galon.

Mae'n wir iddo chwarae dros Gymru yn rhai o stadia mwya'r byd, iddo ymddangos yng nghrys Llanelli 485 o weithiau rhwng 1970 ac 1985 ac iddo deithio gyda'r Llewod i Dde Affrig yn 1980. Efallai iddo gael cysylltiadau agos a phwysig â'r Eisteddfod. Ond nid am yr holl bethau hynny'n unig y caiff ei gofio. Yn llawer rhy aml cofiwn am bobl oherwydd yr hyn a wnaethant yn hytrach na chofio am eu hysbryd a'u hanian. Cymro oedd Ray Gravell yn anad dim arall. Roedd ei galon gynnes, ei haelioni a'i hawddgarwch, ei gwrteisi, y gallu i uniaethu ag eraill a'i gwmnïaeth yn cwmpasu pawb. Roedd yn ddyn rhyngwladol. Doedd dim 'yn fychan' yn ei Gymreictod.

Cafodd yr agosatrwydd a deimlai'r gymuned fyd-eang tuag ato ei adlewyrchu yn y gynulleidfa ryngwladol a ddaeth i'w angladd – hynny a'r ffaith i'w angladd gael ei ddarlledu'n fyw ar dair sianel yng Nghymru. Ni welwyd cymaint o hiraeth na chariad yn debyg i'r hyn a welwyd ar y Strade; yn wir roedd yn achlysur unigryw.

Addasiad **ALUN JONES** *o deyrnged gan* **GERALD DAVIES** *a ymddangosodd yn* The Times *yn dilyn yr angladd.*

Ray o'r Mynydd

Aeth ffyrdd pob gobaith a ffydd
yn wag a than lifogydd
heb Ray i sirioli'n broydd.

Aeth sgarlad y wlad yn glaf;
aeth bore o hydre'n haf
yn gawod wen o'r gaeaf.

Ar faes beirdd, ar faes y bêl – gwan yw'n lliw;
Maes Gwenllïan dawel
â'n gwron dros y gorwel.

Y Ray union fu'n trywanu'r llinell;
Ray yn llawn cyd-ddolur;
Ray y dyn dagrau a dur.

Rhoes inni hwyl, dysgodd ni i wylo
a glân oedd ei galon o – doedd ei wên
na thân ei heulwen fyth yn niwlio.

Heno, drannoeth a fory, drennydd,
daw ei awen, ta waeth am dywydd,
â ffordd drwy'r rhew – a chawn o'r newydd
y wlad fwyn sydd i'w gweld o'i fynydd.

Mi wn, pan gwyd emynau – uwch yr arch
        A'r haul ar ein dagrau,
    Nad yw'r coed yn medru cau
    Ei enaid o'n calonnau.

Myrddin ap Dafydd

Englynion

I Fari a'r ddwy forwyn

Mae'n Galan Gaea'n y gwynt, yn taro
 Ar y tair ohonynt.
  Boed i gof o'u bywyd gynt
  Roddi rhyw gysur iddynt.

DIC JONES

Bydd un, un mwy na'i hunan – yn eisiau
 O'r maes o hyn allan,
  Un ar goll o ferw'r gân.
  Un yn llai gan Gwenllïan.

IDRIS REYNOLDS

Nawr a Grav yn erw'r gro – hiraethwn
 Ar drothwy'r ymado;
  Na wylwch wrth ffarwelio,
  Byw o hyd ei ysbryd o.

EMYR OERNANT

Er na welir anwylyd – i strydoedd
Y Strade'n dychwelyd,
Mae ef, a Charwyn hefyd,
Yn y maes 'yma o hyd'.

DAI JONES, PENMORFA

Yn eilun, ffrind anwylaf,
Yn foi grêt. Dyna fu Grav.

HYWEL – LLANRHYSTUD

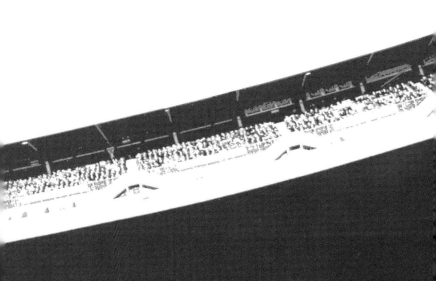

Mwy na dim a wnaeth o

CELWYDD, MEDDWN I, wrth weld y papur newydd. Camgymeriad ofnadwy. Nonsens. Doedd dim posib bod Ray Gravell wedi marw.

Mae yna rai pobol fel yna – allwch chi ddim eu dychmygu nhw yn ddifywyd, ac allwch chi ddim dychmygu eich bywyd chithau hebddyn nhw. Eu hadnabod yn dda neu beidio.

Yn ystod y dydd Iau hwnnw a'r dyddiau a ddilynodd, mi ddaeth hi'n boenus o glir nad oedd unrhyw gamgymeriad. Roedd y papurau'n iawn. Ac roedd y ffrwd o gydymdeimlad a thristwch yn rhyfeddol.

Mae rhai wedi cymharu'r peth â'r galaru am y Dywysoges Diana ac, ar yr wyneb, mae yna beth tebygrwydd. Roedd y ddau wedi marw'n sydyn a hynny pan oedden nhw wedi goresgyn anawsterau mawr ac yn dechrau ar gyfnod newydd.

Ond, roedd yna fwy yn wahanol. Creadigaeth y cyfryngau oedd Diana i raddau helaeth a ffenomenon y cyfryngau oedd yr holl alaru, gydag elfen o sioe gyhoeddus a'r awydd i fod yn rhan o ddigwyddiad mawr.

Yn achos Ray Gravell, roedd llawer o'r galaru gan bobol oedd wedi cwrdd ag o neu wedi ei adnabod ac yntau wedi gwneud argraff anferth arnyn nhw. Roedd sgwrs efo Ray Gravell fel cael haul personol yn tywynnu arnoch chi.

Pob parch i bob sgrifennwr a bardd a darlledwr, y teyrngedau gorau a glywais i oedd y rhai a ddaeth gan ffrindiau a phobol leol, gan gynnwys y dyn bara. Pawb â'u stori, pawb â'u teimlad fod eu perthynas yn un arbennig.

I rai oedd yn ei adnabod o bell, nid delwedd oedd achos y galar, ond personoliaeth. Oherwydd brwdfrydedd a didwylledd, roedd honno'n gallu pefrio trwy beiriannau radio a theledu difywyd, yn hytrach na chael ei chreu ganddyn nhw.

Oherwydd ei bersonoliaeth, mae yna beryg i ni anghofio cystal chwaraewr rygbi oedd Ray Gravell. Pe bai'n chwarae yn y maes rhyngwladol prysur heddiw, byddai wedi ennill tua 60 o gapiau i Gymru, gyda'i gryfder mawr a'i fedrusrwydd twyllodrus.

Roedd hefyd yn chwaraewr a fyddai wedi ffynnu dan amodau chwarae heddiw, yn berffaith ar gyfer torri trwy amddiffyn y gwrthwynebwyr a throsglwyddo'r bêl neu ei dal er mwyn i'r gweddill allu cyrraedd.

Pan drodd at ddarlledu ac actio, y didwylledd – diniwed bron – oedd nodwedd fawr ei waith. Personoliaeth eto, yn hytrach na sgiliau gwneud.

Dyna oedd natur ei Gymreictod hefyd. Nid peth i'w ddadansoddi. A ninnau fel rheol yn teimlo embaras pan fydd pobol yn llawn emosiwn a theimlad, roedden ni'n hapus i Ray ddangos hynny ar ein rhan.

Defnyddio'i bersonoliaeth a'i boblogrwydd tros yr iaith yr oedd o, heb fod yn ymwybodol o'i enwogrwydd ei hun. Ymateb fel Cymro, yn hytrach na seleb… a chynrychioli'r ysbryd gwlatgarol y mae llawer ohonon ni'n swil yn ei ŵydd.

Mi wnaeth yn ardderchog yn y rhan fwya o bopeth a wnaeth – heblaw canu efallai… ac nid o ddiffyg ymdrech yr oedd hynny. Mi all staff *Golwg* gadarnhau mai fo oedd y Santa Clôs gorau a fu erioed wrth wisgo'r siwt goch ar gyfer parti Nadolig.

Roedd Ray Gravell yn llawer mwy nag unrhyw beth gwrthrychol a gyflawnodd o. Dyna pam yr oedd yr ymateb i'w farwolaeth mor fawr a dyna pam y bydd hi mor anodd egluro i bobol ymhen blynyddoedd pam ei fod mor sbesial. Roedd yn bwysig oherwydd mai fo oedd o.

Mae yna ambell gymeriad sydd felly ... Llew Llwyfo, yr arweinydd eisteddfod, efallai ganrif a mwy yn ôl ... Llwyd o'r Bryn tua chanol y ganrif ddiwetha... cymeriadau a oedd y tu hwnt i ddiffiniad.

Pan fuon nhwthau farw, mae'n siŵr fod pobol wedi gwrthod coelio. Roedd hi'n waeth yn achos Ray am fod ganddo gymaint ar ôl i'w gynnig. Ac am ein bod yn gallu dychmygu hiraeth Mari a'r merched.

Ar un ystyr yn sicr, celwydd oedd y straeon newyddion. Trawiad ar y galon, medden nhw. Beth bynnag oedd y gwir meddygol, doedd dim calon iachach na chalon Ray Gravell.

DYLAN IORWERTH *yn y* Western Mail

Ray Gravell 1951–2007

Roedd ffrwydriadau ar y sgrin –
Grav oedd yno yn ymdrin
Â rygbi.

Roedd cynhesrwydd yn y radio;
Fo oedd yno yn ymgomio –
Felly'r oedd o.

Roedd gwisgo jersi goch yn tanio
Ynddo genedl hen y Cymro –
Haleliwia.

Roedd o yno'n gawr cyhyrog
Yn dal y cledd uwch bardd y Steddfod –
Dyna fo.

Roedd egni angerdd ein Cymreictod
Yn gryfach ynom o'i adnabod –
Dyna Grav.

Roedd calonnau pawb yn curo
Yn llawenach o gael sgwrsio
Gydag o.

Roedd 'na olau yn ei galon
A wnâi i ni, bob un ohonom,
Deimlo'n well.

Mae hi'n Dachwedd yma heno,
Du, digofus; gaeaf eto
Arnom hebddo.

Mae mudandod ar y sgrin,
Grav nid yw yno i ymdrin
Â'n bywydau.

Ond ni wna'i angerdd o ddadfeilio,
Ni wna'i afiaith o ddim peidio,
Ni wna'i ysbryd o edwino,
Tra bôm ni sydd yma'n cofio.

Roedd 'na rywbeth a oedd ynddo
Oedd yn cyffwrdd ac yn deffro
Grym graslonrwydd:
Diolch iddo.

GWYN THOMAS, Bardd Cenedlaethol Cymru 2007/08

Teyrngedau ar y we o Gymru benbaladr

GARY BAXTER O FYNYDD Y GARREG
Fel gŵr bach o bentre Mynydd y Garreg, fe hoffen ymestyn diolch i'r cawr Ray Gravs am ddodi ein pentre bach ni ar y map – nid map o Brydain ond map y byd. Colled enfawr i'r gymuned fu ei golli. Canu corn a gwên ar ei wyneb wrth yrru heibio bob dydd.

HUW ROBERTS, CREIGIAU
Un o Sir y Fflint ydw i ac mi briodais un o ferched Mynydd y Garreg. Bob tro byddai Ray'n fy ngweld byddai'n gweiddi nerth esgyrn ei ben, 'Edrychwch ar hwnna, mae e'n Gog, ond mae e'n gall. Mi briododd ferch o'r Mynydd.' Cymeriad mawr a Chymro i'r carn.

TEULU O FLAENAU FFESTINIOG
Doedd dim byd yn fawreddog yn Ray Gravell. Roedden ni'n sefyll ar faes yr Eisteddfod Genedlaethol yn aros i weld yr Orsedd yn mynd i mewn i'r Pafiliwn. Roedd y mab yn gwisgo crys pêl-droed Cymru a phan welodd Ray o, dywedodd 'Fi'n lico'r crys 'na!' Gwnaeth yr ychydig eiriau yna ein diwrnod yn y Steddfod yn un i'w gofio.

SHEILA JOHN, BLAENAU
Cofio'n gynnes am Ray pan oedd yn Rep i Sharpe and

Fisher. Galwai i mewn bob dydd Mawrth. Cael hanes pob gêm oedd wedi bod ar y Sadwrn a phob claish neu gwt oedd ganddo ar ôl y gêm. Braint oedd cael ei adnabod.

Ian Parri o Lanystumdwy

Arferwn gyfarfod â Grav wrth grwydro pencadlys y Bîb yn Llandaf mewn cyfnod byr o weithio yno, ac roedd ei garisma a'i frwdfrydedd wastad yn llenwi'r coridor a'i gyfarchiad bob tro o'r galon.

A chofiaf dro arall noson go wyllt yn yr Afr ym Mhenygroes, ar ôl iddo dreulio amser yng nghwmni aelod o Gymdeithas yr Iaith oedd newydd ddod allan o'r carchar. Arwr a chawr yng ngwir ystyr y geiriau, mewn cyfnod pan gânt eu gorddefnyddio.

Rhodri Jones, Felinfach

Roedd Grav yn ddyn hynaws iawn ac yn heintus ei frwdfrydedd! Hoffwn ddiolch iddo am yr ysbrydoliaeth a gefais pan golles fy ffrind gorau yn dair ar hugain yn ddiweddar. Roedd clywed ei ffydd yn ystod ei salwch diweddar yn hwb enfawr i mi. Gobeithiaf ymhen amser y gall Mari a'r merched rannu yr un cysur a gobaith.

I Ray

(cyflwynedig i Mari, Manon a Gwenan)

Heno aeth Ray o'r mynydd – i'w hedd hir
    A'i ddawn mor aflonydd;
    Arwr oedd, a'i Gymru Rydd
    Yn llenwi ein llawenydd.

Ray ddihafal, a'i galon – yn un fawr,
    Yn un fwy na digon;
    Hwn gynheuodd ganeuon
    A rhoi ei dinc ar y dôn.

Canolwr cydnerth gwrol – a fylchodd
    Yn falch a thrydanol;
    Cynnal tân yn y canol
    A wnâi ef – ni ddaw yn ôl.

Canaf i Raymond Gravell – y corwynt
    Cywiraf ei annel;
    Diolch a wnaf yn dawel
    I wir ffrind – a Ray, ffarwél.

Roedd **DAFYDD IWAN** *ar y trên i Lundain pan glywodd y newyddion.*

COFIO RAY

RWY'N YSGRIFENNU HWN drannoeth y fuddugoliaeth fawr yn Nhwickenham, Chwefror 2il, 2008, a mynych fu'r cyfeirio at Ray ar y cyfryngau – 'O na fyddai Grav yma', 'Mae Ray yn gwenu yn rhywle'. Ond gan Huw Llywelyn Davies y cafwyd y sylw mwyaf diddorol, wrth sôn am drafodaeth a ddigwyddodd rhyngddo ef a Ray droeon parthed y pwysigrwydd, neu'r priodoldeb, o fod yn 'wrthrychol a diduedd' wrth sylwebu ar gêmau Cymru. Dyfynnodd Huw eiriau Ray yn dweud rhywbeth fel:

'Dyma ni'n sylwebu yn Gymraeg ar S4C ar gêm rhwng Cymru a Lloegr, shwt alla i fod yn ddiduedd? Ma pawb yn gwbod pwy ydw i'n ei gefnogi!'

A dyna i chi Ray mewn un frawddeg – y rhesymu syml, gonest ac uniongyrchol, gyda'i Gymreictod yn y canol bob amser.

Un o'r caneuon yr hoffai ganu gyda mi pan oedden ni'n rhoi ambell i ddeuawd fyrfyfyr yn ystod y 70au a'r 80au oedd, 'Peidiwch gofyn imi ddangos fy ochor', cân sy'n gwneud sbort am ben y rhai hynny sy'n chwilio pob math o esgus i eistedd ar y ffens ynglŷn â Chymru a'r Gymraeg, a chân a ysbrydolwyd i raddau helaeth gan Grav ei hun. Roedd yn ei chanu gydag afiaith dyn oedd yn teimlo i'r byw y dylai arddangos ei Gymreictod bob amser, nid fel safiad 'gwleidyddol' nac fel protest o fath yn y byd, ond am mai hynny oedd yn naturiol, am mai hynny oedd yn iawn iddo fe.

Mae'r holl straeon carlamus amdano cyn, yn ystod, a rhwng gêmau rhyngwladol, yn ategu'r ffaith syml hon. Roedd Cymru i Ray yn rym mawr hollbresennol yn ei fywyd, yn rhywbeth, fel popeth arall oedd yn cyfri yn ei fywyd, roedd yn rhaid iddo ei rannu gyda phawb o'i gwmpas, a gweddill y byd. Dyna oedd yn arbennig amdano; dim o'r Cymreictod bach neis, neis, ymddiheurol, rhan amser sy'n nodweddu cynifer ohonom, dim arlliw o'r Cymreictod cyfleus i'w arddangos ar achlysuron arbennig yn unig, neu i'w ddefnyddio pan fyddai'r amgylchiadau yn ffafriol. Cymreictod llawn amser, hollbresennol, oedd Cymreictod Ray, yn danbaid ac yn ffaith na ellid ei hosgoi. Yn union fel yr arferai chwarae ar y maes rygbi, roedd Cymreictod Ray yn ffrwydro yn eich wyneb, yn chwalu unrhyw wrthwynebiad, ac yn bylchu unrhyw ragfuriau.

Does dim dwywaith nad oedd Carwyn James yn ddylanwad mawr arno yn hyn o beth, nid yn unig o safbwynt ei rygbi, ond o ran ei agwedd at Gymreictod. Roedd Carwyn yntau yn un na fynnai guddio'i genedlaetholdeb, er nad oedd yn un i'w gyhoeddi i'r byd mor aml ac mor emosiynol â Grav. Wedi'r cyfan, yr oedd Carwyn yn dipyn o ysgolhaig, yn rhesymwr cadarn a deallus ac yn fwy pwyllog a distaw ei ffordd a'i bersonoliaeth. Ond does dim amheuaeth na lwyddodd i ddylanwadu ar rywun a oedd mor barod i ddysgu â Ray, a rhywun yr oedd gwreiddyn y mater eisoes yn ddwfn yn ei enaid. Ni ddylai neb feddwl mai arwynebol oedd gafael Ray ar Gymreictod – roedd ei ddiddordeb a'i wybodaeth o hanes Cymru, o farddoniaeth, ac yn arbennig o ganeuon Cymru, yn drylwyr, yn eang a byw. Cofiaf Carwyn yn dweud wrthyf fel yr arferai fynd i 'nôl y Ray ifanc o'i gartref rhag iddo fynd ar goll ar ei ffordd i Gaerfyrddin i ymarfer, am ei fod yn gymaint o fab ei filltir sgwâr. Nid am funud yr oedd Carwyn yn ei fychanu, ond pwysleisio yr oedd fod brwdfrydedd eithafol Ray bob amser yn ei ddallu i bethau dibwys fel amser a darllen map a mân drefniadau clwb rygbi. Roedd yn byw o'r cychwyn cyntaf yn rhyferthwy ei awydd angerddol i wneud ei orau, hyd eithafion ei allu, dros Fynydd y Garreg a thros Gymru.

Un o'r pethau mwyaf anodd i Ray, wrth iddo ddatblygu a pherffeithio'i ddawn fel darlledwr a sylwebydd radio a theledu, yn y Gymraeg a'r Saesneg, oedd yr angen i ufuddhau i reol y BBC i fod mor wrthrychol â phosib, ac i gadw'n glir o wleidyddiaeth rhy amlwg. Mi wn fod hyn yn pwyso'n drwm ar ei gydwybod, a droeon yr ymddiheurodd i mi am na allai gefnogi Plaid Cymru, neu fod yn rhan mewn ambell ymgyrch wleidyddol, yn fwy amlwg. Ond doedd dim rhaid iddo ymddiheuro, fel yr esboniais iddo fwy nag unwaith. Roedd ei gyfraniad ef i dwf yr ymwybyddiaeth newydd cenedlaethol yng Nghymru yn amhrisiadwy. Doedd dim rhaid iddo wisgo bathodyn na chario placard, doedd dim rhaid iddo sefyll ar unrhyw focs sebon – onid oedd ei holl fywyd, a'i holl ymarweddiad yn fathodynnau i gyd, yn un placard mawr llachar, ac yn focs sebon o'r dechrau i'r diwedd?

Pan euthum i weld Ray yn Ysbyty Glangwili ar ôl ei driniaeth ar ei goes, roedd hi'n ddiwedd Ebrill, 2007, ychydig cyn etholiadau'r Cynulliad. Roedd hi'n brynhawn eithaf distaw yn yr ysbyty, a minnau ar fy ffordd i ganfasio dros Helen Mary yn Llanelli. Wrth gerdded i lawr y coridor hir, yn ansicr fy ffordd, doedd dim enaid i'w weld yn unman. Ond yn sydyn, daeth nyrs i'r golwg nad oeddwn yn ei nabod o blant dynion gan fy nghyfarch fel hen ffrind: 'Shwmae Dafydd, mae Grav fan hyn, yr ail ddrws ar y dde.' Rhywsut, yr oedd yn gwybod fy mherwyl. Cefais groeso di-ail gan Ray, er gwaethaf ei wendid, gan wneud imi deimlo, fel y gallai Grav wneud i bawb deimlo, mai fi oedd y person pwysicaf yn y byd.

Dim awgrym o hunandosturi, pob gewyn o'i gorff briwedig yn gweiddi her a gobaith a phositifrwydd:

'Dafydd bach, hei mae'n dda dy weld ti! Ma Mari a fi newydd bosto'n pleidleisie post i Helen Mary...'

DAFYDD IWAN

Ar ôl clywed am farw Ray

Annwyl Ray, mewn niwl yr wyf,
Ysig, gwywedig ydwyf.
Lludw llwyd yw'r marwydos
Yma nawr y mae yn nos.
Yn falm nid oes gennyf i
Eiriau i gynnal Mari,
Nac i Gwenan a Manon
Eiriau hawdd ar yr awr hon.

Mae'n gwlad ar Barc y Strade
Heno'n fôr i'w gofio fe.
Arwr mwyn, cawr y Mynydd,
Gŵr cryfaf, dewraf ein dydd.
Y beichiau o dorchau'n dod
A wynebau cydnabod;
Ar hanner mae'r baneri
Ar lawer tŵr, lawr i ti,
Yn ei asbri a'i ysbryd;
Arwr di-gryn bechgyn byd.

Ei gynneddf oedd Eisteddfod,
A Dic am ei weld yn dod
I Gaerdydd i gario a dal
Cleddyf yn hyf ddihafal;
Ond ni ddaw, mae braw'n ein bro,
Ef a'i ddawn ni fydd yno.

Na, ni all gwanwyn a haf
Wywo er Calan Gaeaf.
A diau, er dod diwedd,
Deil *West is Best* heibio'r bedd.
Eilun oet i'n gwehelyth
Oet ein llyw, byddi byw byth.
ALED GWYN

Teyrngedau o Gymru a thu hwnt ar y we

DIARMUID JOHNSON, IWERDDON

D AETH GRAV DRAW i neud rhaglen deledu yn Iwerddon, a fy ffonio i gadw cwmni i'r criw. Roedd yn llawn hwyl a chynhesrwydd diffuant yn ystod y penwythnos yn Galway, ac fe gofiai i fy ffonio i bob tro y deuai i Iwerddon wedyn.

Dawn a chynneddf y gŵr oedd cofio pawb wrth eu henwau, a dangos mor fonheddig oedd drwy gofio rhyw bethau bach hollbwysig amdanynt. Gwela i ei golli, ond gall ei fywyd fod yn ysbrydoliaeth eto. Huned yn dawel.

ANDREW O ABERYSTWYTH

Daeth e i'r Llyfrgell Genedlaethol a rhoi un o'r anerchiadau mwyaf nerthol ac angerddol a glywyd yno erioed. Dyn oedd yn naturiol agos-atoch ac yn gyfeillgar i bawb heb eithriad.

GARRY NICHOLAS, LLANNON, LLANELLI

Bonheddwr gwylaidd a gostyngedig. Ffrind i bawb a phawb yn ffrind iddo yntau.

Y CANON TEGID ROBERTS, CADEIRYDD FFORWM HANES CYMRU

Rydym yn drist iawn fel Fforwm Hanes o glywed am farwolaeth Ray Gravell, un a oedd yn ymddiddori yn

hanes ei wlad ac yn enwedig yn hanes ei arwr, Owain Glyndŵr. Roedd yna fwriad gan rai ohonom i fynd ar ôl hanes y Gravelliaid a'u cysylltiad ag Owain Lawgoch a chael Ray yn rhan o'r prosiect hwnnw. Fe awn ymlaen â'r gwaith petai ond er cof am y Cawr Mwyn o Fynydd y Garreg.

Mae heddiw yn Ŵyl yr Holl Saint, ac fe allwn ni'n sicr feddwl am Ray fel un o'n seintiau Cymreig a wnaeth gymaint i'n hysbrydoli ni fel cenedl. Yfory bydd yn Ŵyl yr Holl Eneidiau a chawn gyfle i offrymu gweddi er cof amdano. Huned ei enaid hoff mewn hedd.

'Ac wedi elwch, tawelwch fu'

B YDDAI GRAV YN falch o'r dyfyniad rwy'n siŵr
– dyfyniad o'r 'Gododdin' o Ganu Aneirin. Y
distawrwydd wedi'r storm. Fel un oedd yn ymhyfrydu
cymaint yn ei wlad, ei hiaith, ei hanes a'i diwylliant,
byddai wrth ei fodd ein bod ni, wrth ei gofio fe, yn mynd
'nôl at y gerdd gyntaf un sy'n dal ar gof a chadw yn y
Gymraeg, yn enwedig a honno'n arwrgerdd yn adrodd
hanes brwydr ddewr criw bach o Gymry yn erbyn y gelyn
y tu draw i Glawdd Offa. Bu Ray Gravell yn rhan amlwg
iawn o'r criw bach sy'n dal i geisio hynny yn ein cyfnod
ni, ac fe gyhoeddodd ei Gymreictod ar draws y byd.
Byddai tîm y Llewod yn Ne Affrica ym 1980 yn barod
iawn i gydnabod hynny – y Gwyddelod, y Saeson a'r
Albanwyr, ynghyd â'r Cymry'n cael eu byddaru'n gyson
gan nodau caneuon gwlatgarol
Dafydd Iwan yn atseinio mewn
bws a gwesty am dri mis a mwy!
Ond pawb yn derbyn hynny, am
taw Ray oedd yn gyfrifol.

Fu neb balchach o wisgo crys
coch Cymru. Un o'i arwyr, Carwyn
James, ddywedodd hynny gynta.
Mae sêr y saithdege'n cytuno
– yn barod iawn i dystio fod ei
frwdfrydedd dros ei wlad yn
heintus, ac yn ysbrydoli eraill. Ar y
maes rygbi y daeth i amlygrwydd
gynta wrth gwrs. Mewnwr yn yr
ysgol – Ysgol Ramadeg y Bechgyn
yng Nghaerfyrddin – ond yna ei droi

yn ganolwr nerthol erbyn iddo fynd yn grwt i ymuno
â rhai o'i arwyr ar Barc y Strade. A daeth uchafbwynt
mawr ei yrfa yn gynnar iawn – yr aelod ifanca o dîm y
Sgarlets a enillodd y fuddugoliaeth hanesyddol dros y
Cryse Duon ym 1972. Mae'r sgôr 9–3 wedi'i serio ar gof
tre'r Sosban a thu hwnt. Aeth Ray yn ei flaen wedyn i
ddisgleirio ar wahanol feysydd ar hyd a lled y byd. Ennill
y Cwpan bedair gwaith o'r bron yn lliwie Llanelli; pedwar
prawf dros y Llewod yn Ne Affrica – a wastad yn falch
o'r ffaith nad Llew yn unig oedd e, ond 'Test Lion'! Roedd
hynny'n cyfri llawer. Ac aelod cyson o Oes Aur ddiweddar
rygbi Cymru – tîm rhyfeddol y saithdege. Enillodd dri
chap ar hugain dros ei wlad – dwy Gamp Lawn a thair
Coron Driphlyg. Ond er y llwyddiant hwnnw ar y llwyfan
ucha un, rwy'n siŵr taw'r prynhawn a roes y boddhad
mwya iddo oedd hwnnw pan loriodd y Sgarlets dîm
Seland Newydd. I ddyn ei filltir sgwâr, doedd dim

i'w gymharu â threchu tîm gore'r byd ar ei faes ei hunan, ac o flaen ei gefnogwyr ef ei hunan. Ac roedd rhywbeth dirdynnol wrth sylweddoli iddo farw bymtheng mlynedd ar hugain gwmws i'r diwrnod pan gafodd ei awr fawr fel chwaraewr – 31 Hydref – Nos Calan Gaea 1972.

Diymhongar iawn oedd Ray bob amser wrth drin a thrafod ei gyfraniad e fel chwaraewr – yn mynnu iddi fod yn fraint iddo fe gael chware yng nghwmni rhai o fawrion y gêm. Ond doedd y sêr hynny – Gareth a Barry, JPR, JJ, Phil a Gerald byth yn cytuno. Ei chware pwerus e, medden nhw, ei ddawn a'i gryfder, a'i agwedd anhunanol oedd yn creu'r lle a rhoi'r cyfle i eraill ddisgleirio. A phawb yn cytuno hefyd taw fe oedd canolbwynt y sylw wastad yn y stafell newid – yn gymysgwch swnllyd o falchder, o fwrlwm, o nerfusrwydd ac ansicrwydd. Roedd yr ansicrwydd hwnnw'n nodwedd amlwg ac annisgwyl o'i fywyd yn gyffredinol. Rhywun oedd yn gawr ar y cae, ond eto'n gyson yn ceisio'r sicrwydd ei fod yn edrych ac yn gwneud yn iawn. 'Oedd y bàs yna'n ocê…?' 'Beth am y gic neu'r dacl yna?' Ac ar ôl ei ddyddie chware, 'Shwd odw i'n dishgwl?' 'Shwd ma'n llais i?' 'Odd y cwestiwn yna'n iawn?'

JJ Williams oedd yn rhannu stafell pan enillodd Grav ei gap cynta dros Gymru ym Mharis ym 1975, ac mae e'n taeru wrth iddo ddihuno ar fore'r gêm fod Ray wrthi'n pacio'i fag i fynd sha thre – yn rhy nerfus i wynebu sialens y Parc de Princes! Fe gymrodd dipyn, medde JJ, i'w berswadio fe i aros! Ac yna yn Ne Affrica gyda'r Llewod ym 1980, Jeff Squire oedd yn rhannu stafell ar ôl cyrraedd, a hwnnw'n mynnu iddo gael ei ddihuno'n gynnar ar y bore cynta gyda'r cwestiwn anfarwol, '*Jeff, Jeff. Did I sleep all right last night?*'

Llwyddodd hen gadno fel Gareth Edwards i gymryd mantes o'r nodwedd honno yng nghymeriad Ray. Un

Sadwrn, Gareth yn dweud wrth Ray yn y stafell newid cyn gêm Cymru, 'Grav – ti'n edrych yn ffantastig, mor ffit, mor gryf. Weden i taw ti yw'r canolwr gore yn y byd ar hyn o bryd.' 'Ti'n meddwl 'ny Gar?' 'Bendant.' A Grav yn mynd mas yn teimlo y galle fe herio a llorio unrhyw un! Wythnos yn ddiweddarach, roedd Caerdydd yn cwrdd â Llanelli yn y Cwpan. Gareth, mor gyfrwys ag erioed, yn gwneud yn siŵr ei fod e'n mynd drwy'r twnnel wrth ysgwydd Ray, ac yn troi ato a dweud, 'Grav, beth sy wedi digwydd i ti?' 'Beth ti'n meddwl Gar?' 'Ti'n dishgwl yn dew. Uffach, ti wedi magu pwyse mewn wythnos!' Roedd hynny'n ddigon, ac mae'n wir i Phil Bennett, odd yn gapten ar Lanelli ar y pryd, ddod draw at Gareth hanner amser ac ymbilio arno, *'For God's sake Gar, tell him he's not fat. He's driving us all nuts out there asking questions continuously about his size!'*

Roedd e'n ffigwr amhrisiadwy i ni ddarlledwyr yn y cyfnod, yn enwedig y darlledwyr Cymraeg. Yn gymeriad mor lliwgar a byrlymus, ei Gymraeg yn naturiol gyfoethog, ac wrth ei fodd o flaen y camera neu wrth y meic – yn cael ei ddenu atyn nhw fel gwyfyn at gannwyll. Ond fe ddododd hynny John Ifans a finne mewn trwbwl un tro. Roedden ni'n darlledu'n fyw ar Radio Cymru yn y twnnel yn y Stadiwm cyn gêm Cymru yn erbyn Iwerddon, a Grav ar ben ei ddigon ar ôl cael ei alw 'nôl i'r tîm. Wrth ddod 'nôl i'r stafelloedd newid ac ynte wedi cael cip ar y cae rhyw awr cyn y gêm, fe welodd Ray y ddau ohonon ni, rhuthro draw, gafael yn y meic, a dechre gweud pa mor falch oedd e i fod 'nôl yn y tîm, yn enwedig yn erbyn y Gwyddelod. Wn i ddim a oedd e'n sylweddoli ein bod ni ar yr awyr yn fyw ar y pryd, ond roedden ni, ac fe glywodd rhywun y sgwrs, a dweud hynny'n gwbwl ddiniwed wrth Gadeirydd y Pump Mawr – y pwyllgor dewis ar y pryd. A'r canlyniad, John a finne'n cael ein

disgyblu am dorri'r rheole ynglŷn â ble a phryd oedd
hawl cyf-weld y chwaraewyr, a'n gwahardd rhag cynnal
rhagor o gyfweliade am weddill y tymor. Hynny i gyd am
fod Ray mor hoff o'r meicroffon!

Cam cwbwl naturiol felly oedd i Ray ddod â'i fwrlwm
a'i frwdfrydedd at y pwynt sylwebu ar ôl tynnu'r togs am
y tro ola, ac roedd yn gwbwl allweddol wrth inni geisio
poblogeiddio sylwebaeth Gymraeg ar y gême rygbi, wedi
sefydlu S4C ym 1982. Roedd ei gymeriad yn berffaith
wrth inni geisio apelio at drwch y boblogaeth yn y dyddie
hynny, cyn i'r dadansoddi manwl ddatblygu pan wnaeth
y gwasanaeth symud yn ei flaen. Grav oedd yr ail lais
– yr arbenigwr diduedd i fod, yr un i ishte 'nôl a rhoi
barn wrthrychol ar y gêm. Grav yn ddidued?! 'Nefar in
Iwrop, gwd boi,' fel y dywede'r hen Twm Twm. Roedd
e'n hollol unigryw yn ei rôl, yn agored unllygeidiog, yn
cyffroi cymaint, os nad mwy na'r un cefnogwr pan fydde
Cymru'n sgori.

Dadl Ray bob tro oedd hon. 'Os yw Cymru'n chware,
a ninne'n sylwebu yn Gymraeg, yna ma pob cwrcyn yn
gwbod pwy 'yn ni'n eu cefnogi.' Ac fe allwch chi weld ei
bwynt. Ond doedd pennaeth yr adran, Onllwyn Brace,
ddim yn cytuno. Roedd e am i Ray o leia ymddangos
yn ddiduedd adeg y gême, ac rwy'n cofio iddo ei siarsio
cyn mynd i Baris ar gyfer un gêm i beidio gwisgo coch
o gwbwl – dim y sgarff na'r dei na'r nished boced
oedd ganddo fel arfer. Ac er mawr syndod i bawb, fe
ufuddhaodd Ray. Dim arlliw o goch yn unman. Ond wrth
adael y stadiwm, yng nghanol y miloedd o gefnogwyr,
dyma floedd o'r tu ôl i Onllwyn a finne, 'Onkers, Onkers!'
Ac wrth droi, yno roedd Grav â'i drowsus o gwmpas ei
bigwrne, er mwyn dangos pâr o *boxer shorts* coch llachar,
a chyda gwên lydan ar ei wyneb, gweiddi at Onllwyn,
'Onkers. Oeddet ti ddim yn credu y byddwn i yma heb
ddim coch o gwbwl, does bosib!' Dyna chi Grav. Bob

amser yn gwbwl deyrngar hefyd i'r tîm. Yn rhy sensitif i feirniadu. Ac mae'n ffaith na chlywais i erioed mohono mewn chwarter canrif o gydsylwebu yn proffwydo bod Cymru, na Llanelli o ran hynny, yn mynd i golli gêm!

Ond roedd ei Gymreictod, wrth gwrs, yn ymestyn ymhell y tu hwnt i'r cae rygbi. Roedd ganddo dri phrif arwr mewn bywyd – Delme Thomas, Dafydd Iwan ac Owain Glyndŵr, ac mae hynny'n dweud y cwbwl, yn crynhoi ei fywyd e. Y Chwaraewr, Y Cenedlaetholwr, Y Rhyfelwr, Y Gwladgarwr, Y Cymro. Mae'r cartre mewn llecyn hyfryd yng nghesail y Mynydd yn edrych lawr dros Fae Caerfyrddin a Chastell Cydweli yn symbol gweledol o hynny. Draig Goch fawr yn rhan o'r gwydyr yn nrws ffrynt Bryn Hyfryd, a lle'r un mor anrhydeddus ar y wal i gywyddau'r prifeirdd ag i'r lluniau sydd ohono fe'n disgleirio ar y cae. Roedd Maes Gwenllïan a Maes yr Eisteddfod yr un mor bwysig iddo â'r Maes Rygbi, a chariai Gledd yr Orsedd gyda'r un balchder dros y degawd diwetha ag y gwisgai'r crys coch slawer dydd. Roedd ei bresenoldeb yn enfawr ym mhob cylch, ac roedd y miloedd a dyrrodd i Barc y Strade ar gyfer ei angladd yn tystio i'r ddawn arbennig honno oedd ganddo i gyffwrdd â phawb, waeth beth fo'u cefndir; y ddawn honno i wneud i bawb deimlo'n bwysig yn ei gwmni, a phawb o'r herwydd yn teimlo eu bod nhw bellach wedi colli ffrind personol iddyn nhw.

Roedd Raymond Gravell yn gorwynt o Gymro. Bellach mae'r corwynt wedi cilio. Wedi'r elwch, bydd y tawelwch yn fyddarol.

HUW LLYWELYN DAVIES

Estyniad ar y deyrnged a ymddangosodd yn rhaglen gêm Cymru v De Affrica, 24 Tachwedd 2007.

Am unwaith, ar y Mynydd,
mor dawel, dawel yw'r dydd,
a thros orwel Cydweli
haul y nos a welwn ni,
y bore'i hun yn rhy brudd,
a'r lle hwn yn rhy llonydd.
Carai'i le, bob cwr o'i wlad,
a thaenai ei chwerthiniad
nes bod gwenau'r dagrau'n dod
o wynebau'i gydnabod,
a dôi ei ddieithriaid o
yr un dydd yn ffrind iddo.
Manon, ti nawr yw'r Mynydd,
hwn a weli di bob dydd,
a Gwenan, ti'r wên gynnes,
yr un wên a wna Ray'n nes,
dwy dyner, a dwy einioes
i Mam nawr yn gwmni oes.

A'i draed ar Barc y Strade
âi'r dyn i'r gogledd a'r de;
yma ar hyd Cymru wedyn
dôi'r 'West is Best' i bob un,
ac ni fu byw unrhyw ŵr
anwylach yn ganolwr.

Enaid oedd ef nad oedd un
yn ei alw yn elyn,
ac, o raid, am gawr a aeth
yma i aros mae hiraeth.
Hiraeth oes am ŵr a thad,
y gŵr mor llawn o gariad.
Ond wrth i foi Gwendraeth Fach
rywfodd ein gwneud yn gryfach,
gŵyr pob un mai dyn mor deg
yw'r gŵr a wnaed o'r Garreg,
un Grav mor dyner o'i grud,
un Grav diguro hefyd.

Yn dal uwchlaw Cydweli
y cawr hwn a welwn ni,
yr un o hyd heibio i'r nos,
yn awr, ac yno i aros
mae enaid mawr y Mynydd
o'r enw Ray yno'n rhydd.

TUDUR DYLAN

'Methu gwrthod neb na dim'

Y RADIO SY'N fy neffro bob bore, gan ddechrau'n dawel a chynyddu'r sain yn ara bach. Mae'n ffordd braf o ddeffro fel arfer. Ond fore Iau, doedd o ddim. Ro'n i'n dal rhwng cwsg ac effro pan ddeallais i eu bod nhw'n sôn am rywun oedd wedi marw. Pan ddeallais i mai Grav oedd o, ro'n i isio taflu i fyny. Mi fues i'n gorwedd yno am hir, fel tase rhywun wedi fy nharo efo gordd. Grav? Doedd y peth ddim yn bosib – roedd o wedi gwella, roedd o'n ôl wrth ei waith, yn llawn bywyd ac asbri unwaith eto. Ond roedd un llais dagreuol ar ôl y llall yn dal i roi teyrngedau iddo fo. Ro'n i isio gweiddi ar y radio – 'Be ddigwyddodd? Sut? Lle? Damia chi!'

Mi ges wybod yn y diwedd, fel y gweddill ohonom ni, mai trawiad ar y galon oedd o, ac yntau ar wyliau efo'i deulu yn Sbaen. Meddwl am Ryan Davies yn syth – Cymro dawnus arall fu farw yn llawer rhy ifanc ymhell o'i gartre. Sylweddoli ei fod yn digwydd yn llawer rhy aml; y goreuon yn ein mysg yn ein gadael yn llawer rhy gynnar.

Crio fel babi wrth gofio 'mod i wedi crio fel babi wrth wrando arno'n siarad efo Hywel Gwynfryn rhyw fis yn ôl. Dagrau'n llifo wrth wrando arno'n dweud pam ei fod am glywed y gân 'Angor' gan Tudur Huws Jones am fod Mari ei wraig yn angor iddo, a mynd ati i'w chanmol i'r cymylau a dweud cymaint roedd o'n ei charu. Pwy ond Grav allai fod mor hyfryd o onest ar yr awyr fel'na? Ac fel roedd o wedi crio yn y car wrth glywed Dic Jones yn dweud mai ei ddymuniad fel Archdderwydd oedd cael Grav wrth ei ochr fel Ceidwad y Cledd. Grav i'r carn eto, mor sensitif, mor emosiynol, ac mor falch o unrhyw glod neu ganmoliaeth o unrhyw fath.

A dyma gofio 'mod i wedi meddwl sgwennu colofn amdano ar ôl clywed y rhaglen honno. Ond wnes i ddim, naddo? Mi ddoth 'na ryw bwnc arall yndo, pwnc haws sgwennu amdano'n sydyn. A rŵan dwi'n difaru f'enaid. Taswn i wedi ei sgwennu bryd hynny, mi fyddai o wedi cael gweld y golofn ac wedi cael gwybod pethau ro'n i wedi bod eisiau eu dweud wrtho ers blynyddoedd, a rŵan mae hi'n rhy hwyr.

Pan gollodd o'i goes, ro'n i'n gwibio 'nôl a mlaen dros y byd yn ffilmio *Ar y Lein*, ac ro'n i wedi meddwl galw i'w weld neu o leia sgwennu llythyr hir, hir yn dymuno'r gorau iddo. Ond y cwbl ges i amser i'w wneud yn y diwedd oedd sgwennu e-bost tila. Ond dim bwys, medda fi, mi ga i ei weld o eto – pan ga i amser. Ond mae angen gneud amser, 'yn does? Wnes i ddim a dwi'm yn meddwl wna i byth faddau i mi fy hun.

Dach chi'n gweld, ro'n i'n nabod Grav. A dwi mor falch 'mod i wedi cael ei nabod o. 1988 oedd hi ac ro'n i wedi cael swydd fel cynhyrchydd efo Radio Cymru yn Abertawe. Mi ges i wybod gan y Pennaeth, Lyn T. Jones, 'mod i fod i wneud rhaglen bob bore Mercher efo Grav. Dim ond £100 y rhaglen oedd ar gael ac roedd y rhan fwya o'r swm yn dâl i Grav fel cyflwynydd. A doeddwn i ddim yn cael gwneud rhaglen chwarae recordiau a holi pobl dros y ffôn; ro'n i'n gorfod meddwl am rywbeth newydd, gwahanol. O'r nefi...

Ro'n i wedi gweld Grav o gwmpas y lle yng Nghaerdydd, wedi ei gyfarfod a dod i'w nabod yn o lew. Ro'n i'n un o'r Gogs y byddai'n eu galw'n Tibetans. Mi ofynnais iddo hyfforddi tîm rygbi merched Radio Cymru ar gyfer Plant Mewn Angen ac mi gafwyd sesiwn o dynnu lluniau efo fo ond welson ni fawr ohono ar y cae wedyn. Mae gen i deimlad nad oedd o'n gefnogol iawn i'r syniad o ferched yn chwarae rygbi ar y pryd, ond ei fod o'n ormod o fonheddwr i ddweud hynny – roedd hi'n ddyddiau cynnar ar gêm y merched, cofiwch. Ond roedd o hefyd mor ofnadwy o brysur o hyd – roedd pawb isio fo ac yntau methu gwrthod neb na dim.

Ta waeth, mi ddoth i'r swyddfa yn Abertawe er mwyn i ni gael trafod pa fath o raglen allen ni ei gwneud fyddai'n newydd a gwahanol – a rhad. A dyma fo'n digwydd dweud ei fod o'n hoff iawn o gerddoriaeth glasurol; wedi cael ei fagu yn sŵn 78s ei dad o Gigli a Caruso, ac mi ddechreuodd floeddio 'Catari, Catari' yn syth. Ac mi ddywedodd mai un ddawn yr hoffai ei chael oedd y gallu i ganu. Bingo. Felly mi ffoniais i Mary Lloyd Davies.

Efallai y bydd rhai ohonoch chi'n cofio clywed Grav yn ymarfer ei 'i-a, i-a, i-as'. Roedd o'n deud ar nerfau ambell un, dwi'n gwybod, ond roedd 'na gannoedd os nad miloedd o wrandawyr yn rhowlio chwerthin, yn cyd-'i-aio' hyd yn oed. Ond doedd neb yn chwerthin gymaint â Grav, Mary a finna. Argol, gawson ni hwyl. Roedd ei amseru a'i nodau dros y siop i gyd. Ond pan lwyddodd o i ganu 'Cân yr Arad Goch' yn y diwedd, roedd Mary a finna mor falch drosto fo. Roedd o wedi gweithio'n galed, bois bach, ac wedi rhoi 120%, fel y byddai ym mhob agwedd o'i fywyd.

Roedd o mor nerfus, mor awyddus i blesio, mor fonheddig a mor ddiniwed – ond yn gallu bod yn ddiawl bach drwg hefyd. Roedd o'n edrych fel arth fawr galed, ond roedd o'n dedi bêr y tu mewn. Roedd o isio i mi gael gweld Mynydd y Garreg, 'y lle gorau yn y byd'. Ro'n i wedi addo mynd yno un noson, dwi'm yn cofio be oedd ymlaen, rhyw gyngerdd neu noson goffi neu rywbeth, ond fel ro'n i'n newid, mi ges alwad ffôn. Roedd fy chwaer wedi marw. Chyrhaeddais i byth mo Mynydd y Garreg.

Pan adewais i'r BBC i wneud cwrs ymarfer dysgu gweithgareddau awyr agored, mi ges i gyllell boced Swiss Army fawr ddrud ganddo fo. Ro'n i wrth fy modd efo hi, ac mi ddoth yn ddefnyddiol iawn ar sawl achlysur. Ond dwi wedi ei cholli. Tase hi'n dal gen i, mi fyddai mewn ffrâm.

Mi gollais i gysylltiad efo fo wedyn, ond bob tro y byddwn yn ei weld, mi fyddai'n rhoi clamp o goflaid i mi. Roedd ganddo'r gallu i wneud i chi deimlo'n sbesial, i roi gwên ar eich wyneb hyd yn oed pan na fyddech chi'n teimlo fel gwenu. A dyna i chi un o'r rhesymau pam fod y genedl wedi syrthio mewn cariad efo fo.

Y stori ches i byth ei deud wrtho fo ydi hon: ydach chi'n cofio i mi sgwennu colofnau am wyliau yn Syria efo dau athro ifanc? Owen Thomas oedd un ohonyn nhw, hogyn di-Gymraeg o Aberhonddu. Pan oedd o tua 14 oed, mi gafodd gyfarfod Grav, ei arwr. Mi wenodd hwnnw arno a dechrau paldaruo wrtho yn Gymraeg. Ond doedd Owen yn deall yr un gair. 'Ro'n i'n *gutted*. Do'n i ddim yn gallu ateb ac ro'n i mor embarasd.' Roedd gan Owen gymaint o gywilydd, aeth ati i ddysgu Cymraeg o ddifri o hynny mlaen. Oni bai am Grav a'i Gymreictod naturiol, fyddai Owen ddim wedi byw yn Neuadd Pantycelyn, ddim wedi dod i ddysgu i Wynedd a chael dylanwad ar gymaint o blant – yn y dosbarth yn ogystal ag ar y cae rygbi ac, o bosib, ddim ar fin priodi Cymraes Gymraeg o Ffostrasol. Mi fyddai Grav wedi bod wrth ei fodd yn cael gwybod hynna.

TEYRNGED **BETHAN GWANAS**, *Yr Herald*

Ray o'r Mynydd

Enillaist hawl i wisgo coch dy wlad
a phrofi gwefr dy genedlaethol gais,
gan gredu mai penllanw pob boddhad
oedd trin y bêl fel arf i drechu'r Sais.
Gwladgarwyr y prynhawn yn fodlon iawn
a bara'r Nef yn llond eu genau hwy,
yn drachtio gwin y wledd o'u cwpan llawn
wrth alw, 'Digon! Ni bydd eisiau mwy'.
Ond wedi'r wobr daethost at dy waith,
pan glywaist, uwchlaw bonllef torf y bêl,
gri Cymru fach, a chrygni yn ei hiaith
yn ymbil am dy egni brwd a'th sêl,
i sefyll yn y bwlch mewn llinell fain,
i ennill tir heb dynnu'r cledd o'r wain.

MEIRION EVANS, PORTH TYWYN

Teyrngedau ar y we gan gyd-weithwyr

MARC GRIFFITHS (MARCI G)

Wedi treulio y tair blynedd diwethaf yn darlledu yn foreol gyda Grav, mae'n anodd credu bod ein cawr ni o'r de-orllewin wedi ein gadael ni. Roedd Grav yn dod â gwên i wynebau'r holl wrandawyr cyson ac fel oedd Grav yn arfer dweud, 'Roedden ni'n un teulu mawr'.

Roedd Grav yn browd iawn wrth i ni sefydlu rhaglen y Gorllewin, ac yn cael pleser o'r mwya wrth weld y rhaglen yn mynd o nerth i nerth. Wi'n cofio tra oedd Grav yn yr ysbyty byddai negeseuon di-ri yn ein cyrraedd o bedwar ban byd gan gynnwys teyrngedau ar yr awyr ac ar y we.

Bob bore ar y ffordd i'r gwaith byddai Ray yn mynnu fy mod i'n ffonio fe i gael gwneud yn siŵr bod y ddau ohonom ni wedi codi mewn pryd ac ar y ffordd i'r stwidio neu i'r gwahanol leoliadau. R'yn ni wedi teithio ar draws yr ardal ac yn cwrdd â ffans mwyaf Grav.

Cwympo dros y *cables*, gwasgu botymau anghywir a'r geiriau, 'Wps y deri dando' – roedd hyn i gyd yn rhan o'i gymeriad. Roedd e'n gallu cyffwrdd â phob math o berson, boed nhw'n blant neu'n oedolion. Cafodd e hyd yn oed Jack Russell i ganu yn fyw ar y rhaglen! Yn ddiweddar ar ei ben-blwydd roddes i ddarlun o Senedd Owain Glyndŵr iddo fe. Roedd yr emosiwn yn amlwg ac yn dystiolaeth o'r edmygedd oedd gydag e at ei arwr. Roedd e'n hael iawn i bawb.

Mi fydda i'n colli'r galwadau ffôn ddwy, dair gwaith y dydd, a'r geiriau 'Marci G, fy ffrind bach i'.

TERWYN DAVIES, CAERFYRDDIN

Dwi erioed wedi cyfarfod na nabod neb mor frwdfrydig
â Ray Gravell! Dwi'n cofio un adeg pan o'n i fod i'w gyf-
weld e'n hwyr yn y nos ar *C2*. Llinos, y cynhyrchydd,
yn ei ffonio fe a Ray yn ateb yn gysglyd wedi anghofio
popeth – ac yn ei wely ers oriau er mwyn codi'n gynnar
ar gyfer ei raglen foreol. Ond fe fu'n ddigon parod fel
arfer i barhau â'r cyfweliad gyda'r un brwdfrydedd
hwyliog ag yr oedd ganddo bob amser! Pleser oedd
gwrando ar ei raglen e a Marci G bob bore – ac fe fydda
i'n colli'r troeon trwstan hynny fydde'n digwydd iddo
oedd yn gwneud i fi chwerthin.

'Cofia, roedd Pwyll yn nabod ei bobl'

D OES DIM AMHEUAETH bod rhwydwaith y ffonau symudol dipyn yn dlotach er dechrau Tachwedd 2007!

'Keith bach bach bach… ' Grav! Eto! Y ddegfed alwad, a hynny cyn diwedd y prynhawn!

'Be' ti'n moyn, Grav?'

'Shwd ti'n credu a'th y rhaglen bore 'ma?'

'Fi wedi dweud wrthot ti hanner dwsin o weithe'n barod!'

'Fi'n gwbod 'ny, ond shwd odd y cyflwynydd?'

'Grav ychan, fi'n fishi… Odd y cyflwynydd yn iawn!'

'O, o'n i ddim yn dda iawn, 'te?'

'O't – o't ti'n dda iawn, Grav!'

'O'n i'n wych?'

'Blydi hel, Grav, os o's dim 'da ti weud, cer off y blydi ffôn. Ma gwaith 'da rai o'n ni i neud! Ta ta, CER!'

Dwy funud yn ddiweddarach:

'Ti'n caru fi?'

'GRAV! CER!'

Yna, mae'n siŵr, y bydde fe'n ffonio un arall o'r lluaws rhifau yng nghrombil ei ffôn bach.

Mae'n od, ond rwy'n digwydd cofio'r tro cynta i fi siarad â Grav ar y ffôn. Crwtyn yn ei arddegau cynnar oeddwn i ar y pryd.

'Helô. Ray sy 'ma. Ray Gravell. Allet ti weud wrth dy fam a dy dad bod y bathroom suite newydd wedi cyrradd, a dyle fe fod gyda chi cyn diwedd yr wythnos.'

Gweithio i gwmni dodrefn ystafelloedd ymolchi oedd e ar y pryd, a rhywsut, llwyddodd i berswadio Mam i brynu bathroom suite lliw siocled tywyll. Yr un hylla welodd unrhyw un erioed. Ond doedd dim ots. Fi oedd y crwt glana yn Rhydaman am fisoedd wedyn.

Galwad arall a gefais i gan Grav oedd honno rhyw wyth mlynedd yn ôl. Roedd Dad mewn uned gofal dwys yn ysbyty Llanelli yn gwella wedi llawdriniaeth am gancr. Un noson fe gerddodd Grav heibio'r ffenest ar ei ffordd i weld Anti Babs, chwaer ei dad. Roedd Grav a 'Nhad yn rhyw led adnabod ei gilydd, ond dim fwy na hynny. Ond wrth basio fe sylweddolodd Grav pwy oedd yn gorwedd yn y gwely yn beipiau i gyd, a mewn â fe am sgwrs.

Yr haf hwnnw roedden ni fel teulu i fod i fynd i dreulio ychydig wythnosau yn y garafán yn ne Ffrainc. Cyn iddo

fodloni mynd i'r ysbyty i gael y llawdrinaieth, fe wnaeth Dad wneud i fi addo y byddwn i'n mynd â'r plant ar eu gwyliau, ta beth bynnag fyddai'n digwydd.

Fe ddywedodd Dad hynny wrth Grav, gan ymbil arno i 'mherswadio i i gadw f'addewid. Wedi i 'Nhad ddod mas o'r uned gofal dwys, fe ganodd y ffôn. Grav oedd yno, yn mynnu y dylwn i bellach ystyried peidio torri fy addewid, ac y bydde fe ei hunan yn sicrhau y bydde Dad yn iawn. Parhau i wella wnaeth Dad, ac fe aethon ni fel teulu ar ein gwyliau. Dim ond pan ddaethon ni 'nôl y cefais i wybod bod Grav wedi taro mewn i weld Dad bob nos tra oedden ni i ffwrdd. Ma hynny'n dweud y cwbwl amdano.

Pedair blynedd yn ôl, fi ffoniodd Grav, yn gofyn iddo a fyddai ganddo ddiddordeb mewn cyflwyno rhaglen ddyddiol yn arbennig i gymoedd y de- orllewin. Rwy'n sicr nad oedd mwy o orfoledd pan enillodd ei gap cynta. O fewn misoedd i lawnsio'r rhaglen ar Barc y Strade roedd ffigurau gwrando Radio Cymru yn yr ardal wedi codi'n ddramatig. Pam? Wel yn sicr nid oherwydd mai Grav oedd y DJ mwya slic, yn sicr nid oherwydd mai Grav oedd y person mwya technegol y tu ôl i'r ddesg gyflwyno! Ond am mai Grav oedd Grav. Roedd didwylledd ac enaid yn ei gyflwyno. Ar y dechrau, fe geisiais i ei newid – diolch byth bo fi wedi methu. Yn foreol bron, cyn dechrau'r rhaglen, fe fydde fe'n troi ata i a dweud,

'Co ni off eto te'r un bach,' ac yna, gan ddyfynnu Carwyn, 'Cofia, roedd Pwyll yn nabod ei bobl!'

Ar fore Tachwedd 1af 2007, a finnau ym mherfeddion Dartmoor, daeth galwad arall. A byth ers hynny, fe roddwn i unrhyw beth i glywed y ffôn yna'n canu unwaith eto a llais ar ben arall y lein yn gofyn,

'Keith bach bach bach… Ti'n caru fi?'
A finnau am unwaith yn manteisio ar y cyfle i'w ateb.

KEITH DAVIES

SIONED JAMES, CAERDYDD
Grav oedd yr unig un a lwyddodd i wneud Keith Bach yn Keith llai fyth… 'Keith Bach bach bach baaaaaaaach …'

Nos Da, Grav

Dwi'n styc rhwng amau a choelio,
dwi jyst yn methu dallt,
'sna ddim byd yn gwneud synnwyr
a ma 'mocha fi'n troi'n hallt.
Ma'r llwch yn dawel ar bob stryd,
a rhywbeth wedi siglo'r byd.

Mae'n ddistaw ar y Strade,
maen nhw'n sibrwd dros Gymru i gyd;
mae'r wlad yn dristwch heddiw,
yn ystrydebion mud
a neb yn gallu dweud yn iawn
y boen o golli'r Cymro llawn.
Mi wn ei fod o'n Gymro,
yn Geidwad, yn Lyndŵr,
yn danbaid ac yn Sgarlet,
ond dydw i ddim yn siŵr
oes mwy i'w ddweud dros enw Ray
na 'mod i'n crio hefo gwên.

Mae 'na rai sy'n sgwennu englyn,
a rhai yn canu cân,

mae 'na rai sy'n crio-chwerthin
wrth gofio'r pethau mân,
a 'ngwash-i'n chwara pêl 'fo'i ffrind
i drio dallt bod Grav 'di mynd.

Awn i Gaerdydd i'r Steddfod;
awn hebddo i ddathlu'r ŵyl,
at Orsedd heb ei Cheidwad,
at far – ac yn yr hwyl,
bydd yno, a'r holl gymylau'n hel
yn bell o wyneb Ray Gravell.

GUTO DAFYDD O DREFOR – *Bardd yr Wythnos ar C2 y
noson wedi marwolaeth Grav.*

Ffrind

WRTH WRANDO A darllen ar y teyrngedau i Ray'n dilyn ei farwolaeth, daeth yn amlwg gymaint o ddylanwad a gawsai ar gynifer o bobl yn ystod ei fywyd, fel chwaraewr rygbi, fel actor, ac fel sylwebydd ar y cyfryngau. Ces i'r pleser o fod yn ei gwmni laweroedd o weithiau, fel arfer wrth ymwneud â gêmau rygbi, ond yn yr Eisteddfod oedd un o'r troeon olaf, wrth i mi baratoi at fod yn Geidwad y Cledd. Minnau wedi cymryd y swydd honno dros dro yn dilyn ei salwch ar y pryd.

Roedd hwn yn gyfnod anodd iawn i Ray a'i deulu ac yntau wedi colli rhan o'i goes, ond rhoddodd gefnogaeth lwyr i mi. Yn wir ymhyfrydai yn y ffaith i mi ymgymryd â'r swydd o gario cleddyf yr Orsedd – a'r balchder a deimlai'n dangos pa mor bwysig roedd y swydd honno iddo.

I mi roedd Ray'n cynrychioli pob dim o werth am Gymru, a byddai'n cario'i Gymreictod gydag ef lle bynnag yr âi. Oedd, roedd Ray'n ddyn arbennig, un y bu'n anrhydedd ei gael fel ffrind ac wrth iddo fy ngadael byddai gwên fawr ar fy wyneb bob amser.

Addasiad o eiriau **ROBIN MCBRYDE** *yn ei ragymadrodd i'w gyfrol* Staying Strong.

Guto Harri

Fel pawb arall, mae gen i atgofion bendigedig am Grav. Moment arbennig iawn oedd honno yn y Steddfod eleni, pan ddaeth Ray draw a finne ar ganol holi Tudur Dylan wedi iddo ennill y goron... Ray ar ei orau... yn hael, emosiynnol, gwylaidd ac yn ysbrydoledig.

Cofio hefyd cael fy holi gan Ray yn Downing Street pan oedd John Major yn Brif Weinidog. Roedden ni ar ganol sgwrs pan ddaeth John Major mas drwy ddrws Number 10 a cherdded tuag at ei gar. Gofynnodd Ray, braidd yn uchel, "Duw, Duw, fe yw John Major?"

Nabyddodd John Major ei lais a throi ato a dweud – *"Is that Ray Gravell... you're one of my greatest heroes,"* a dod draw i siarad ag e.

Aeth Ray a fi wedyn i'r dafarn, ac wrth ei fodd yn dweud yr hanes wrth bawb – gan gynnwys llond lle o dwristiaid Whitehall!

Grav

F Y ARWR, FY ffrind! Dyna beth alwodd Grav ei arwr a'i
ffrind pennaf ar y cae rygbi, Delme Thomas, y cawr
addfwyn o Fancyfelin. A dyna beth roedd Grav yn ei
olygu i mi.

Mae'n rhyfedd meddwl am Grav yn dawel; y cymeriad
lliwgar, y cenedlaetholwr brwd, y chwaraewr rygbi
cyhyrog, caled a'r darlledwr siaradus, hwyliog oedd â
diddordeb ym mhawb a phopeth. Roedd ei fwrlwm yn
ddi-ben-draw, yr emosiwn ynddo yn mudferwi'n barhaus
ac roedd y cariad ynddo'n tasgu. Personoliaeth anferth
ond eto, ar yr un pryd, yn bell o fod yn fawreddog.

Fe gefais i'r fraint o weithio gydag e ar Radio Cymru
rhwng 2002 a'i raglen *Grav yn y De-Orllewin* ddwetha ar
24 Hydref, 2007. Roedd bod yn ei gwmni yn adloniant
pur. Roedd llawer o chwerthin; roedd crio; ychydig o
nerfusrwydd efallai; siarad o'r galon ac nid o ddarn o
bapur. Mae 'na rai yn dweud bod 'na ansicrwydd ond dwi
ddim yn credu hynny. Yn hytrach roedd e jyst yn hoffi
clywed rhywun yn dweud, 'O'dd hwnna'n dda, Grav', fel
r'yn ni i gyd yn hoffi'i glywed, weithiau.

Pleser oedd cael gweithio gydag e achos doedd neb
byth yn gwrthod cael cyfweliad gydag e. Roedd e'n
gwneud i bobl deimlo'n sbesial ac roedd ei ddiddordeb
mewn pobol ac yn eu diddordebau nhw'n real. Doedd
dim byd ffals amdano. Roedd e'n dwlu ar bobl. Y fraich
o gwmpas yr ysgwydd a'r goflaid fawr fydde'n sicrhau
pob un, yn unigol, bod Grav wrth ei fodd. Fe fydde
fe'n gwneud i bobl deimlo'n gartrefol yn syth trwy
rannu tipyn bach ohono'i hun gyda phawb. Roedd y
gonestrwydd wrth ddarlledu yn ei wneud yn unigryw

i unrhyw ddarlledwr arall. Pan oedd yn gwneud camgymeriad, fe oedd y person cynta i gydnabod hynny gyda'i 'Wps y Deri Dando!'.

Roedd rhaglen *Grav yn y De Orllewin* yn golygu cymaint iddo achos 'un teulu mawr' oedden ni ac roedd mynd allan at y bobol yn llawer pwysicach na gwneud rhaglen yn y stiwdio yn Abertawe. 'Allan at y bobol' oedd ei gri trwy'r amser ac allan fuon ni ar leoliadau mewn caffi, tafarn, neuadd neu ysgol mewn dros 300 o lefydd o Bort Talbot i San Clêr ac i fyny i Lanymddyfri. Roedd e'n gyfnod cyffrous a phawb yn dod i weld Grav.

Roedd gan bawb lysenw. Fe fues i ar ryw adeg neu'i gilydd yn 'Titw Tomos', 'Tomos y Bradwr' ar ôl i fi gael fy symud i weithio ar raglen arall am ryw fis ac ar y diwedd 'Titus Tomos' ôn i ar ôl Titus Andronicus. Roedd Keith Davies, cyd-gynhyrchydd, yn 'Keith Bach Bach Bach' oherwydd mai 5 troedfedd 3 modfedd yw e ac roedd y cynhyrchydd a'i gyd-gyflwynydd Marc Griffiths, yn 'Marci G, fy ffrind bach i'.

Roedd gan y gwrandawyr selog lysenwau fel 'Robert y Bara', 'Rhys y Postmon', 'Matthew B.T.', 'Derrick o'r Meinciau' a 'Kev Bach Cwmllynfell'. Arferai ddod i mewn i'r swyddfa yng Nghaerdydd fel corwynt ac roedd gan bawb ei lysenw yno hefyd; Daniel Jenkins Jones yn 'Daniel Jenkins Jones Williams Smith Davies Morgan', Robin Owain Jones yn 'Robin North West' oherwydd ei fod e'n dod o Langefni, Lowri Davies yn 'Doc' (mae ganddi ddoethuriaeth), Huw Meredydd Roberts yn 'Huw Chouchen', aelod o fand Chouchen, a Gwawr Jones o Flaenau Ffestiniog yn 'Blaenau Babe'. Doedd neb yn cael dianc rhag cydnabod Grav. Roedd ei lygaid fel eryr ac os oedd 'na newydd-ddyfodiad i'r swyddfa, Grav oedd y cynta i ysgwyd llaw gan ddweud, 'Shwmai! Ray Gravell yw'r enw.'

Dyn y bobol oedd e. Pan oedden ni wedi gorffen darlledu fe fydden ni, fel arfer, yn mynd i ryw gaffi neu'i gilydd, ac roedd pawb yn gwybod bod Grav wedi cyrraedd. Arferen ni fynd i gaffi Crumbs yn Abertawe ac ar y ffordd o'r stiwdio, bydden ni'n pasio pobol ddigartref oedd yn lled-orwedd ar ochr y stryd. Bydde Grav yn dweud, '*All right, boys*', a bydden nhw'n ymateb gyda, '*All right, Grav*'. Dwi'n cofio pasio postmon tu allan i archfarchnad yn Llansamlet a Grav yn gweiddi, '*All right, Pat*' a'r postmon yn gweiddi, '*All right, Grav*'. A finne'n gofyn, 'Ti'n 'i nabod e, wyt ti?' a Grav yn dweud, 'Nagw. Pat yw enw pob postmon'.

Cofio wedyn, wrth yrru trwy stryd fawr Porth Tywyn, gyda Grav wrth fy ymyl, y ffenest ar agor a finne'n stopio i adael car i basio, menyw yn gofyn i Grav, a'r injan yn dal i redeg, a fydde fe'n hoffi dod mewn am gwpaned. A fe'n dweud, 'Iawn.' Fi'n gofyn i Grav, 'Ti'n 'i nabod hi?' 'Nagw. Ond wi'n ffansïo cwpaned.' Ac ymhen pum munud roedden ni yn nhŷ'r fenyw yn yfed te a chael bisged.

Dwi'n cofio ar y stryd yn Abertawe, Grav yn stopio dyn eitha byr a dweud,

'*You're a scrum half.*'

Y bachan yn dweud '*No*' yn eitha ofnus.

'*Outside half then?*'

'*No.*'

'*Play a bit of soccer then?*'

'*No.*'

'*Darts?*'

'*No.*'

'*Snooker?*'

'*Yes, sometimes.*'

'*I thought so. Nice to meet you.*' A'r ddau'n cerdded oddi yno fel petai dim byd anarferol wedi digwydd.

Ar ôl pob darllediad fe fydde'r ffôn yn canu o leia chwe gwaith a drygioni oedd hynny gan mwya. Dwi'n cofio Keith Bach Bach Bach yn cael galwad 'da Grav a Grav yn gofyn, 'Ti'n brysur, 'te?'

Keith yn dweud, 'Nagw, dim ar y funud.'

'Ffonia i 'nôl wedyn, 'te.'

Doedd yr adloniant ddim yn pallu a doedd y straeon ddim chwaith. Fe ddwedodd Hywel Teifi Edwards yn angladd Grav, 'Bydd y chwedlau am Grav fel rhai y Mabinogion – yn para am byth.' A gobeithio'n wir y byddan nhw oherwydd maen nhw'n werth cael eu dweud a'u clywed drosodd a throsodd.

Dwi'n credu mai un o'r goreuon ddwedodd Grav wrtha i oedd pan aeth e i mewn i dafarn yn Nulyn a Gwyddel, ffrind oedd e'n nabod yn dda, yn ei weld ac yn gweiddi, '*Ai-ya Ray.*' A phawb yn y dafarn yn taflu eu hunain ar y llawr!

Grav! Fe gafon ni lot fawr o hwyl a fydd dim byd i lenwi'r bwlch rwyt ti wedi ei adael ar ôl. Fe ddysgaist ti lot fawr i fi, sut i fod yn berson gwell ac i barchu pobol eraill. Diolch i ti am bopeth ac fel y byddet ti'n ei ddweud, 'Caru ti... '

TEYRNGED TOMOS MORSE, *TU CHWITH*

Englynion

Hen ddaear Mynydd y Garreg i Grav
   O'i grud oedd ei gemeg
  I'w Gymru a'i deulu'n deg,
  Calon ei holl ecoleg.
NORMAN CLOS PARRY

  Mae un yn llai'n y Mynydd, – ac eto
    Er rhwydo'r ehedydd,
   Os marw'r galon lonydd,
   Marw i fyw yng Nghymru fydd.
HUW MEIRION EDWARDS

  Nid yw'n bod ond troednodyn – i firi
    Holl fawredd y darlun,
   Ond myn Duw y mae un dyn
   'Di nodi'i enw wedyn.
ANEIRIN KARADOG

  Enaid hoff, ein Howain oet ti – arwr
    Gwerin y cae rygbi;
   Yma nawr mor fud ŷm ni –
   Y ti, o bawb, 'di tewi.
ROBIN GWYNDAF

  Mae'n dawel yng Nghydweli – a'r Strade,
    Ar strydoedd Llanelli,
   Ar y Mynydd a'r meini:
   Mae'n dost heb dy gwmni di.
EMYR LEWIS

Rhagor o Deyrngedau oddi ar y we

ANDROW BENNETT O LANARTHNE

Bûm yn gweithio am gyfnod gyda David (Arthur) Cook, ei deulu'n hanu o Aberafan, a chanolwr dros yr Harlequins a Lloegr yn y 70au. Byddai Cook yn ymfalchïo yn y ffaith iddo fynd ar daith gyda'r Barbariaid i Ganada ym 1978 – Grav a Steve Fenwick yn gyd-ganolwyr yn y garfan. Y Sais wrth ei fodd yn cael ei ganmol i'r entrychion gan Grav. Grav wedyn yn dweud wrth yr holl griw: 'Sdim isie becso nawr bois. Awn ni ddim ar goll wrth deithio i Ganada – ma 'Capten Cook' gyda ni i ddangos y ffordd!' Colled i Gymru gyfan yw colli Ray o'r Mynydd.

CERI O GAERFYRDDIN

'Daw'r bêl mas i Bennett sy'n hanner bylchu. Mae'n cael ei daclo ond mae Jenkins yno i gymennu. Nawr mae'r bêl gan Gareth Jenkins, aiff heibio un chwaraewr cyn chwilio am gymorth. Mae Ray Gravell ar ei ysgwydd. Jenkins yn pasio'r bêl i Gravell sy'n hyrddio drwy'r dacl gyntaf. Mae Gravell yn dal i fynd, does neb yn mynd i'w atal ac mae e'n croesi dros Lanelli o dan y pyst. Cais i Lanelli, ac mae Ray Gravell yn cydnabod cymeradwyaeth y dorf wrth gerdded 'nôl i' hanner ei hun o'r cae.' Diolch, Grav.

Hywel Ifans o Ddihewyd

Roedd balchder chwaraewr rygbi, balchder Celt a Chymro
ac uwchben popeth arall balchder tad i'w weld yn glir
ymhob peth a ddywedai neu a wnâi Grav. Mae Cymru a'r
byd wedi colli un o'r esiamplau gorau o Gymro a welwyd
erioed. Ond rhaid cofio, yn ein galar fel cenedl, am Grav,
y tad balch.

Wyn Thomas o Gydweli

Fel plentyn, ti oedd fy arwr.
Fel dyn a thad, ti yw fy esiampl.

Glöyn byw yn Nhachwedd

Yn ystod yr angladd roedd y naill eisteddle dan gysgod trwm a'r llall yn llygad yr haul.

Bu glöyn byw yn hedfan yn ôl a blaen ar hyd yr eisteddle heulog.

Y Strade'n ddau hanner
o gysgod a golau,
y deigryn yn llygad yr haul
wedi ei wasgu o'r barrug bore,
a glöyn byw,
ar goll yn hirlwm Tachwedd,
yn codi o'r cysgodion
ac anelu'n aflonydd
am oleuni canol dydd;
dwy adain a dau lygad, llonydd,
dwfwn, du
mewn patrwm browngoch byw,
yn canu'n dawel, dawel,
ar awel fain y cyrn
a fynnai
mai 'golau arall yw tywyllwch
i arddangos gwir brydferthwch'.

Arwel 'Rocet' Jones

Grav

Rhyw awr neu ddwyawr neu dair,
ambell sgwrs ac ysgwyd llaw,
oedd hyd a lled ein perthyn ni –
ond eto'r hiraeth, eto'r braw.

Gwên i fil yn wên i mi,
hen ffrind o'i nabod dim ond tro,
a'r braw a'r hiraeth ŵyr yn iawn
mai dim ond gwên fydd yn y co'.

ARWEL 'ROCET' JONES

Diffodd y fflam a distewi'r bwrlwm

MAE CYMRU GYFAN yn teimlo'r golled, pawb fel tase fo wedi colli ffrind. A dyna sydd wedi digwydd, achos yr oedd Ray Gravell yn ffrind i bob un. Mae gan bawb ei stori ei hun, a'i atgofion, a dod â'r rheini i gof a wnawn yn awr. Mae'r fflam danbaid wedi diffodd, a rydan ninnau'n trio cysuro ein gilydd efo'r golosg sydd ar ôl ar ffurf atgofion.

Ddyla ein llwybrau ni ddim fod wedi croesi o gwbl, fo'n chwaraewr rygbi amlwg o'r Sowth a minnau'n gwybod dim oll am y gêm ac yn byw yn bell iawn yn y Gogledd. Ond pan drefnais arwerthiant i Gymdeithas yr Iaith yn y Steddfod, mi sgwennais at wahanol enwogion a gofyn iddynt gyfrannu rhywbeth i'r ocsiwn. Daeth crys rygbi gan Ray Gravell ymysg trysorau eraill – llawysgrif gan Kate Roberts, llyfr o lyfrgell Lewis Valentine, cerddi gan brifeirdd, gweithiau celf – bu pobl yn rhyfeddol o hael. Cafwyd hwyl fawr yn yr arwerthiant – Steddfod wlyb Abergwaun oedd hi, a Dafydd Iwan a Mici Plwm yn gwerthu'r nwyddau. Codwyd dros fil o bunnau, a'r hyn gododd y swm mwyaf, er syndod mawr i mi, oedd y crys rygbi coch. Falle iddo fod yn grys a wisgwyd mewn gêm arbennig, yr un yn erbyn yr All Blacks ym 1972, neu'r Grand Slam, dydw i ddim hyd yn oed yn cofio. Sgwennais lythyr o ddiolch at Ray Gravell, a rhaid 'mod i wedi methu cuddio fy syndod fod darn o ddefnydd coch wedi codi dau gan punt i Gymdeithas yr Iaith. Parodd y llythyr ddifyrrwch mawr i Ray p'run bynnag, a dyma fo'n ffonio. Roedd o'n wirioneddol falch iddo allu helpu'r

Gymdeithas, am fod hynny'n golygu cymaint iddo; yn wir, mi garai wneud mwy. Soniodd nad oedd yn nabod y Gogledd yn dda, ond ei fod o ar ei ffordd i'r North achos roedd y Wolfe Tones yn canu yng Nghaernarfon… A dyna oedd dechrau cyfeillgarwch.

Dwi'n credu mai dyna'r argraff a wnâi Ray ar bobl, tswnami o frwdfrydedd heintus yn dygyfor drosoch. Ffonio fuo fo wedyn. Reit, roedd o ar ei ffordd, roedd o am alw heibio fy nghartref yn Llanwnda, lle bynnag oedd fan'no. Yn well byth, oeddwn i eisiau dod i gyngerdd y Wolfe Tones? Dydw i ddim yn credu 'mod i wedi clywed am y Wolfe Tones bryd hynny, ond rown i'n lecio pethau Gwyddelig, a rown i'n fodlon rhoi cynnig arnynt.

Anghofiwn ni fel teulu mo'r noson y daeth Ray Gravell i'n tŷ ni. Dyna beth oedd cyfarfyddiad dau ddiwylliant. Roedd o'n gawr ym mhob ystyr o'r gair. Cawr o ran corffolaeth, roedd o ddwywaith gymaint â Mam, ond roedd o hefyd yn llenwi'r tŷ â'i bersonoliaeth. Y peth barodd y difyrrwch mwya iddo oedd mor anwybodus oedd ein teulu am rygbi! Roedden ni'n gwylio'r gêmau cenedlaethol, ond dyna fo. Roedd Dad yn ceisio cynnal ryw fath o sgwrs am y munudau mawr yn hanes y gêm lle bu Ray yn rhan ohonynt, ond doedd gan y gweddill ohonom ddim i'w gyfrannu. Cyfaddefais hyn, ac aethom ymlaen i sgwrsio am ddiddordebau yr oeddem yn eu rhannu – Cymru, yr iaith, Dafydd Iwan a 'Werddon.

Mae gen i ryw frith gof mai yn y Majestic yng Nghaernarfon roedd y Wolfe Tones yn canu. Oedden, roedden nhw'n dda ac yn hwyliog, ond yr hyn a arhosodd yn fy nghof oedd ymateb Ray. Roedd o fel plentyn bach! Gwyddai eiriau pob cân, rhoddai gymeradwyaeth frwd, ond erbyn diwedd y noson, doedd o'n methu aros yn llonydd. Roedd o'n dawnsio i'r alawon, a'i wyneb wedi ei oleuo. Y fath wefr! Y fath fwynhad o fywyd!

Ddeng mlynedd wedi hynny, roedd o'n ddarlun mwy syber. Roedd y ddau ohonom ar y llwyfan yn y Steddfod – fi wedi ennill y Fedal Ryddiaith yn Steddfod y Bala, a Ray tu ôl i mi, yn Geidwad y Cledd. Wn i ddim ai gwceledigaeth Dafydd Rowlands oedd gwahodd Ray o'r Mynydd i gario'r cledd, ond roedd o'n syniad gwych – cydio'r byd chwaraeon efo'r Steddfod Genedlaethol. Mi wnaeth yr un dewis syml hwnnw wneud i rai pobl uniaethu llawer mwy gyda'r Brifwyl. Doedd neb yn ei hystyried yn fwy o fraint na Ray. Erbyn hynny, roedd o'n briod â Mari, a Manon fach wedi ei geni. Doedd 'na neb fwy prowd nag o.

Dyna fo unwaith eto – y brwdfrydedd hwnnw nad oedd byth yn pallu. Mari oedd y wraig orau yn y byd, Manon oedd y plentyn harddaf – doedd y dyn ddim yn gall! A phan ddaeth ei ddyddiau ar y cae i ben, fe symudodd yn rhwydd i fyd darlledu, a llwyddo i drosglwyddo y brwdfrydedd a'r cariad at bobl drwy gyfrwng y radio. Nid pawb fedr ei wneud, ond roedd Grav yn gallu. Mi fydde gwrandawyr Radio Cymru wedi gallu syrffedu am hanesion ei fam, Mynydd y Garreg a Thwdls y gath, ond fedrech chi ddim peidio â chymryd at y dyn. Roedd o'n dalp o ddiniweidrwydd – yn ystyr gorau'r gair.

Cyfeiriodd Huw Llywelyn at ei ansicrwydd gwaelodol, ac roedd hyn yn ei arbed rhag mynd yn Fi Fawr. Roedd o ddigon enwog i'w lordio hi, i ymfalchïo yn ei statws, i fanteisio ar ei enwogrwydd. Ond nid Ray. Roedd o'n boenus drwy'r amser nad oedd o'n ddigon da. Câi ei blagio gan ryw gymhlethdod israddoldeb, ond dim ond ei wneud yn fwy annwyl wnâi hynny. Cadwodd yn driw i'w wreiddiau, ac yn dâl, cadwodd ei ffrindiau a'i gymdogaeth – a Chymru gyfan yn wir – yn driw iddo yntau.

Ddeng mlynedd wedi Steddfod y Bala, roedd y

darlun yn un go dywyll. Sioc i bawb oedd clywed fod
Ray Gravell wedi colli ei goes o ganlyniad i glefyd y
siwgr. Cofiaf feddwl ar y pryd, 'Nid i Ray, o bawb', nid i
ŵr mor ffit, gŵr mor gorfforol. Ond yr ofn mwyaf yng
nghalonnau pawb oedd y gallai profedigaeth mor lem
effeithio ar ei ysbryd. Roedd Cymru angen pobl fel Ray,
angen ei wên, angen ei hapusrwydd, angen ei donic a'i
gariad mawr. Ni chawsom ein siomi.

Do, bu cyfnodau tywyll, ond mi fownsiodd yn ôl.
Geiriau Dafydd Iwan i ddisgrifio Cymro mawr arall ddaw
i'r meddwl, 'Y Wên na Phyla Amser'.

Wedi cael y driniaeth fis Ebrill, gwnaeth ymdrech
arbennig i ymddangos ar lwyfan Eisteddfod yr Urdd
ddiwedd Mai. Roedd hynny yn arwydd o ba mor bwysig
oedd pobl iddo, pa mor bwysig oedd plant, pa mor
bwysig oedd Cymru. Mae sôn fod Mari wedi gorfod
trefnu rota i wneud yn siŵr fod pawb yn cael cyfle i'w
weld. Daeth cannoedd o alwadau, roedd bag y postmon
yn llawn wrth gerdded i fyny 'Heol Ray Gravell' ym
Mynydd y Garreg. Mewn rhyw ffordd od, dwi'n falch i
Ray orfod cael y driniaeth – bu'n gyfle iddo gael gweld
gymaint roedd o'n ei olygu i bobl Cymru. Chaiff o byth
glywed teyrngedau mis Tachwedd, ond mi gafodd nhw i
gyd fis Mai.

A mae o wedi mynd, wedi ein gadael, mor ddisymwth,
ac mae pawb fel petaent wedi eu siglo, wedi eu syfrdanu.
A dydan ni methu credu maint y golled. 56 oed oedd
o, roedd ganddo gymaint mwy i'w roi. Ac mae'n
cydymdeimlad dwysaf efo cymuned Mynydd-y-Garreg,
efo Mari yn fwy na neb, efo Manon a Gwenan. Nhw fydd
yn gorfod byw mwyach efo'r Tawelwch Mawr. Rydan
ni i gyd yn ei synhwyro, ac roedd Cymru cyfan yn ei
synhwyro ar faes y Strade ddiwrnod y cynhebrwng.

Ond gadewch inni fod yn ddiolchgar uwchlaw popeth.

Gadewch inni ei gofio, achos fydd 'na neb run fath ag o. Rydan ni'n rhy ffurfiol, yn rhy ofnus, yn rhy soffistigedig i ymddwyn fel Ray. Gallu mwyaf Grav oedd cadw'r rhyfeddod, y diléit hwnnw mewn bywyd sy'n gyfyngedig fel rheol i blentyndod. Daliodd ati i gofleidio, i gusanu, i garu pobl, a hynny yn gwbl naturiol. Yn y byd sydd ohoni heddiw, mae hynny'n beth anghyffredin iawn; mae bron yn unigryw.

Diolch Grav, huna'n dawel.

ANGHARAD TOMOS – *Yr Herald Cymraeg*

Pedwar Tymor Ray

Ef oedd y dderwen gref yn flagur i gyd,
A phob dydd fel gwanwyn braf yn ei gwmni,
Aur y genhinen pedr yn disgleirio yn ei galon,
A'r byd yn di'uno i ddweud, 'Bore da Ray'.

Grav oedd yr haf,
Ei wên fel heulwen,
A gwres ei gwmni yn twymo pawb.
Môr o ffrindiau yn y pedwar ban
Ac awr gyda Grav
Fel gwyliau cynnes braf.

Y Sgarled enfawr
A'i wisg fel dail yr hydref
A'i gariad yn goelcerth garlamus
Drwy Gymru i gyd.
Roced liwgar,
Yn bwrw gwreichion o hapusrwydd,
A'i galon fel olwyn Catrin,
Yn troi at bawb.

Ond fe ddaeth y gaeaf
Ac mae Cymru nawr yn llwm;
Ond mae cannwyll calon Grav
Yn dal i oleuo a chynhesu;
Ei gwmni oedd yr anrheg orau.
Nos da, Grav.

CARYL PARRY JONES
**a disgyblion Ysgol Gynradd
Trimsaran**

Trwy Lygad Barcud

R OEDD LLAWER YN adnabod Grav yn llawer gwell na
mi. Ond fe gyffyrddodd ei fywyd â mi ar lawer tro,
ac unwaith roedd personoliaeth anferth Grav yn cyffwrdd
â rhywun, doedd dim modd anghofio'r profiad.

Ni fedraf gofio i'r genedl hon, a garai gymaint, ymateb
yn debyg i farwolaeth unrhyw Gymro na Chymraes cyn
hyn. Dyma'r galaru torfol mwyaf y medraf i ei gofio
ymhlith y Cymry. Roedd pawb yn nabod Grav. Hyd yn
oed y rheiny na wnaeth gyfarfod ag ef erioed. Ac roedd
pawb yn caru Grav ac am hawlio rhan ohono. Pob un â'i
atgof. Pawb yn gall ac yn ceisio ffrwyno'u hemosiwn. Ond
dagrau hapusrwydd yn cymysgu â dagrau tristwch. Mor
urddasol fu Phil Bennett a Delme Thomas, Dafydd Hywel
a Hywel Teifi. A llawer, llawer mwy. A'r cyffyrddiad pert
hwnnw pan ddywedodd Bobby Windsor fod ganddo ddau
fab sy'n siarad Cymraeg – diolch i Grav. Galaru digymell a
gwaraidd a gafwyd ym mhob achos.

Roedd Grav yn fwy na phersonoliaeth chwaraeon. Ef
oedd y gydwybod genedlaethol. Roedd e'n wladgarwr
wrth natur, yn wladgarwr am y rheswm syml ei fod e'n
Gymro. Doedd athroniaeth gwleidyddiaeth yn golygu dim
iddo. Roedd e'n Gymro, a dyna fe. Ac yn rhyfedd iawn,
er y gwnaiff ei farw adael bwlch, fe wnaeth marwolaeth
Grav fwy na dim i gyfannu cenedl. Rhoddodd y farwol i'r
hen honiad afiach hwnnw mai culni yw cenedlaetholdeb,
gan ddangos mai rhyng-genedlaetholdeb sy'n bwysig.
Profodd Grav y wireb fod angen i unrhyw ryng-
genedlaetholwr fod, yn gyntaf, yn genedlaetholwr.

Hoffwn godi un sgwarnog. Aeth rhai o'r
newyddiadurwyr a dalodd deyrnged iddo allan o'u ffordd

i bwysleisio'i broffesiynoldeb. Oedd, roedd e'n nabod
ei bobol, yn nabod y gêm ac yn medru dal pen rheswm
ag unrhyw un. Ond mewn un agwedd roedd e'n hyfryd
a digywilydd o amhroffesiynol. Mae disgwyl i ohebydd
proffesiynol fod yn ddiduedd. Roedd hynny'n amhosib
i Grav. Pan oedd Llanelli neu Gymru'n chwarae, fedrai
Grav ddim cuddio'i deimladau. A dyna'i gryfder fel
cymeriad. I ddiawl â chonfensiwn. Llanelli neu Gymru'n
ennill oedd yr elfen bwysicaf. A pham lai?

Gallasech ddisgwyl y byddai ymateb rhai o'r tu hwnt
i'r ffin ar y gorau yn llugoer, ac yn wir yn ddirmygus
tuag at farwolaeth gwladgarwr syml o Gymro fel Grav.
I'r gwrthwyneb. Yn y *Daily Mail* roedd Peter Jackson yn
mynegi'r cyfan. Dylai ei golofn gael ei fframio a'i gosod ar
wal pob cartref yng Nghymru.

'Roedd curo Lloeger i Grav fel mynd ati, mewn
rhyw ffordd fach, i wneud iawn am ganrifoedd o
anghyfiawnder,' meddai Jackson. 'Eto i gyd, teyrnged
i bersonoliaeth anferth Grav oedd bod y chwaraewyr
Seisnig o'r un cyfnod ag ef – ac yn arbennig Bill
Beaumont, Fran Cotton, Roger Uttley a Peter Wheeler
– yn ei garu. Ac roedd ef yn eu caru nhw.' Datgelodd
Jackson i Grav unwaith gael cynnig arian i droi'n
broffesiynol gyda Hull. Gwrthododd. Nid am ei fod e'n
ofni'r her. Ond am ei fod e'n ofni gadael Cymru.

Mae gan bawb eu hatgofion personol amdano. Tra
bûm i'n gweithio am bum mlynedd yn Llanelli, prin yr
âi wythnos heibio heb iddo alw yn swyddfa Agenda
(Tinopolis wedyn). Fe'i clywn e'n cyrraedd y fynedfa, a
hynny o'r swyddfa gymunedol ar dop yr adeilad. O funud
i funud, codai lefel ei lais wrth iddo sgwrsio â hwn a hwn
neu hon a hon ar ei ffordd i fyny. Weithiau fe gymerai
ddeng munud iddo gyrraedd. A lefel y llais yn dal i godi.
Ac yna'r llais yn cyrraedd ei anterth, a'i law yn disgyn ar

draws fy nghefn.

'Lyn bach! *'On Raglan Road of an autumn day I saw her first and knew … '* Lyn bach! Patrick Kavanagh! Bardd mowr! Top man!'

Bryd arall byddai'n llafarganu geiriau ei hoff gân, 'The Old Man' gan Phil Coulter, am farwolaeth ei dad. Bryd hynny byddai'r dagrau'n powlio lawr hyd ruddiau Grav wrth iddo gofio'r drychineb o golli ei dad ei hun.

Oh, I never will forget him

For he made me what I am…

A nawr mae Manon a Gwenan yn gorfod dygymod â bywyd heb eu Dadi eu hunain, a Mari'n unig heb y Dyn Mawr. A dyna oedd Grav. Dyn mawr. Ond dyn mawr na chollodd erioed ddiniweidrwydd a symlrwydd y plentyn oedd yn ei natur. Dyna pam roedd e'r tad perffaith i'w blant.

And suddenly when it happened

There was so much left unsaid

No second chance to tell him, thanks

For everything he'd done.

Ac er bod y geiriau hyn hefyd yn rhy hwyr, Grav, diolch, yr hen foi am gael dy nabod. Ac ie, West is Best! Tip-top! A Top Man!

LYN EBENEZER

Fydd neb arall fel Grav

F E ALLA I ddweud un peth yn bendant – byth, fydd byth person arall fel Grav. Roedd e'n gwbwl unigryw. Anghofia i fyth tra bydda i byw, ishte yn y parlwr ym Mrynhyfryd, o flan tanllwyth mawr o dân. Fi â glased bach o Jack Daniels, a fe â'i *rum* i dwymo'r gwaed, a dyna pryd yn ddi-ffael bydde'r gwersi hanes yn dechre. Gwenllïan, Llywelyn ac wrth gwrs Owain Glyndŵr. Roedd ei lygaid e'n sbarco wrth adrodd hanes ei ardal a'i genedl. Rhywbryd yn ystod y sgyrsie 'ma bydde fe wastad yn troi ata i a dweud, 'H, sdim brawd wedi bod gyda fi, ond fi'n gwbod bod un gyda fi nawr'. Ma'r geirie hynny wedi aros gyda fi, ac yn golygu cymaint i fi.

Un o nodweddion brodyr wrth gwrs yw eu bod nhw'n cwmpo mas – ac oedden, roedd y ddau o' ni'n cwmpo mas bob hyn a hyn. Yr Eisteddfod yn amlach na dim oedd achos y ffraeo! Finne a dim byd i'w ddweud wrth y sefydliad hwnnw, ond fe'r 'Legend' yn dwlu ar bawb a phopeth oedd yn ymwneud â hi. Fi wedyn yn ei atgoffa 'mod i wedi chware rhan Iolo Morganwg, a bod hwnnw siŵr o fod yn edrych lawr arnon ni yn wherthin am ein penne ni! Rodd 'ny wastad yn llwyddo i'w hala fe'n benwan. Fwy nag unwaith bydde fe'n troi ata i a dweud un o ddau beth yn ddi-ffael: 'H, ti'n *great man on small legs*, ond yffach, ti'n pwsho hi withe, neu, 'Se ti'n *six foot six*, ladden i ti!' Ond fydde'r dadle byth yn para'n hir, roedden ni'n ormod o bartnyrs i hynny ddigwydd.

Ma pawb yn sylweddoli iddo fod yn chwaraewr rygbi gyda'r gore a gitshodd mewn pêl eriôd, ma pawb hefyd yn gwerthfawrogi ei sgiliau fe tu ôl i'r meicroffôn, ond un peth efalle nad yw pobol yn ei werthfawrogi yw ei fod e'n actor arbennig hefyd. Dwi ddim yn siŵr bod Grav yn gwbod yn iawn beth odd e'n neud, ond roedd e'n actor greddfol a naturiol. Nid pawb fydde'n cael canmoliaeth gan gyfarwyddwr ffilm byd-enwog fel y Ffrancwr, Louis Malle. Roedd Malle yn ffan enfawr o actio'r 'Legend', a phan ddywedodd Grav wrtho unwaith mai ond bod yn naturiol oedd e wrth actio, mai dim ond bod yn fe'i hunan oedd e, ateb Louis Malle i hynny oedd, *'But Raymond, that is the most difficult thing.'*

Rwy'n cofio mynd lan i Lunden i gael clyweliad ar gyfer chwarae rhan rhyw fownsyr. Fe ges i'r rhan, ond wedyn penderfynu nad o'n i am gymryd y gwaith. Felly, dyma ffonio cyfarwyddwr y castio ac esbonio. Ar ddiwedd y sgwrs dyma fi'n dweud wrtho 'mod i'n nabod boi alle wneud y rhan i'r dim. Hefyd fe wnes i ei rybuddio pan fydde fe'n ffonio Grav, mai ei ymateb cynta fydde – *'Thank you, but I'm not an actor.'* Fe ffoniodd y cyfarwyddwr Grav, ac ie, ei ymateb cynta un i'r gwahoddiad oedd, *'I'm not an actor!'* Ond roedd e'n actor, sdim dwywaith am hynny.

Un o'r pethe sydd wedi rhoi mwya o bleser i fi eriôd yw cyfarwyddo'r ffilm *S Loves B.* Er mae'n rhyfedd meddwl nad yw tri o'r actorion oedd yn y ffilm honno ddim gyda ni mwyach – James Westaway, yr annwyl Myfanwy Talog ac wrth gwrs Grav ei hunan. Roedd hi'n bleser ac yn fraint cael gweithio gyda phobol mor dalentog, a'r cyd-actio rhwng Myfs a Grav, wrth iddyn nhw chwarae gŵr a gwraig a chanddyn nhw blentyn wedi diodde o waedlif ar yr ymennydd, yn ysgytwol.

Ar nodyn ysgafnach, efallai fod y stori nesa 'ma'n esbonio cymaint o actor oedd Grav. Roedd e wedi bod yn chwarae rhan dyn hoyw yn y gyfres *Tair Chwaer* ar S4C. Wedi i'r gyfres ddod i ben roedd e wrthi'n ffilmio stori Buffalo Bill yn ymweld â Chwm Gwendraeth. Wrth ffilmio yn y Tymbl, wedi ei wisgo fel Buffalo Bill, fe aeth Grav i mewn i gaffi i gael dishgled o de. Fe drodd un o'r trigolion ato'n sydyn, a hwnnw'n adnabod Grav yn iawn, gan ddweud,

'Wel i fi'n credu bo ti'n foi dewr iawn.'

'Dewr?' gofynnodd Grav. 'Pam?'

'Achos bo ti wedi dod mas.'

Ac ymateb greddfol Grav oedd gofyn, 'Mas o ble?'

Na, Grav oedd yr ola i sylweddoli bod ei berfformiad yn *Tair Chwaer* mor gredadwy, fel bod un oedd yn ei adnabod e'n dda'n credu ei fod e wedi 'dod mas' go iawn.

Fe ges i'r fraint o gydweithio gyda Grav ar y ffilm *Rebecca's Daughters*. Seren y ffilm honno oedd neb llai na Peter O'Toole.

Un bore roedd O'Toole, a hwnnw'n enwog am ei regi, wrthi'n cael colur gan Marina Monios cyn dechre ffilmio. Pwy gerddodd i mewn wedi ei wisgo mewn dillad merch ac eisoes wedi cael ei goluro, ond Grav. Cyfarchodd Grav O'Toole, ond heb gael fawr o ymateb. Meddai Marina, a hithe'n gwbod am ddiddordeb ysol O'Toole mewn rygbi, 'Mr O'Toole, mae'r dyn 'ma wedi chwarae rygbi'.

Trodd O'Toole at Grav a gofyn, *'Do you remember those Welsh stars of the seventies? Gerald, Gareth and Bennett?'*

'Well yes, I do,' atebodd Grav. *'To tell you the truth I actually played against them, and with them.'*

'You must have played to quite a high level then. For who did you play?'

'Well... Llanelli, Wales, the Lions, and the Irish Wolfhounds.'

Fe agorodd llyged O'Toole led y pen wrth iddo sylweddoli'n araf bach gyda phwy oedd e'n siarad. *'F*****g hell! You can't be! You're not, you're not Gravell, are you? Ray Gravell?'*

Rhuthrodd O'Toole ato a'i gofleidio.

'*Ray Gravell! F*****g hell! I'm acting with the legend that is Ray Gravell! What a f*****g honour! Just you wait until I've had the chance to tell my friends who I've been acting with!*'

Na, fydd dim Grav arall. Ond fel dywedodd Gerald yn ei araith ddirdynnol ar Barc y Strade – gobeithio y bydd 'na, 'fyd.

DAFYDD HYWEL

Nid yw'r gwron yn llonydd – yn y maes,
  Mae un sy'n dragywydd:
  Gŵr ymarhous y sgrym sydd,
  Y mae un: Ray o'r Mynydd.

IFAN PRYS

Englynion

Ni wn i pa beth a wnaf i gofio
    Rhen gyfaill anwylaf;
    'Arwr ymysg y dewraf'
    Yw y gri gan ffrindiau Grav.

TÎM TALWRN PENRHOSGARNEDD

I dir hudol y Strade – am un gêm,
    Mwy na gwefr y chware
    Neu ias y sgorio ceisie –
    Gwefr a ias o gofio Ray.

DYLAN IORWERTH

*Dyma'r englyn a sgrifennodd ar ôl bod yn y gêm gynta'
wedi marwolaeth Grav, ar y Strade, nos Wener, 2 Tachwedd.*

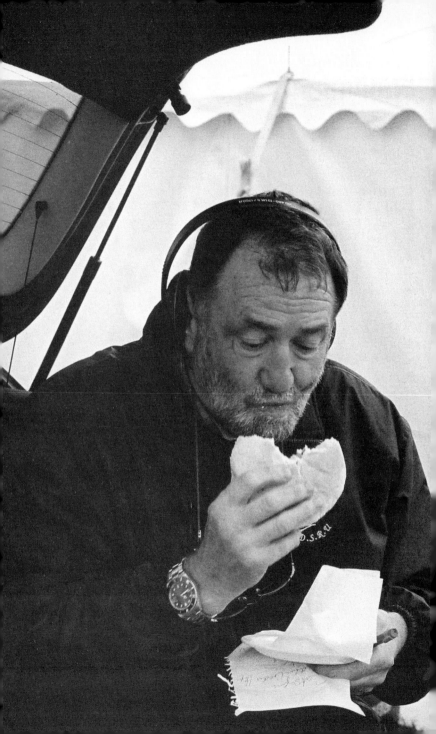

Y Siom

Pan dorrwyd y newyddion trist am salwch hwn,
Daeth gofid drosom oll fel ton ar lanw llawn,
Ein harwr brwd, y graig a heriai bawb â gwên,
Gleddyfwr addfwyn, na welai faint ei ddawn.
Fe loriai ac fe hudai â'i frwdfrydedd hy,
Y mynydd diniweidrwydd â'r galon fawr,
A'r garreg yn ei gyfansoddiad, tybiem ni.
Wynebodd Grav y frwydr greulon honno'n gawr
A llwyddodd, 'nôl ei arfer, i orchfygu'r storm,
Cyn dychwel eto'n frenin llwyfan Nant y Ci
A'r gynulleidfa fawr yn unol ar eu traed.
'Mae Grav yn iawn!', fe giliodd ein holl ofnau ni.
Anweswyd ef yn gynnes, yn gynnes yn ein côl
Ond daeth y bollt a chwalu ein gwag obeithion ffôl.
Os pallu wnaeth dy galon feddal, anferth di,
Rwyt 'Yma o Hyd' yn ein calonnau ni.

Beryl Hughes Griffith ar *Y Talwrn*

Rhagor o deyrngedau oddi ar y we

ELLIS DAVIES O GORSLAS

Un o brofiadau bywyd yw adnabod person sydd wedi creu argraff, esiampl a dylanwad ar ein hiaith, ein bywyd dyddiol a'n cenedl. Mae colli Ray yr un mor galed â'r ergyd sydyn o golli'r diweddar Ryan Davies. Y ddau'n gymharol ifanc ond eto wedi cyfrannu'n helaeth trwy eu dawn.

SIONED ELIN, CADEIRYDD CYMDEITHAS YR IAITH, SIR GÂR

Roedd Ray Gravell yn gadarn yn ei ymrwymiad i Gymru, i'r Gymraeg ac yn arbennig i gymunedau Cymraeg. Mae ymgyrchwyr iaith dros y blynyddoedd wedi gwerthfawrogi ei gefnogaeth i'r achos a'i gyfeillgarwch.

HUW MEREDYDD, PONTYPRIDD

'Nawn ni fyth anghofio dy gefnogaeth frwd i gerddoriaeth newydd Gymraeg, a dy awydd cyson i ddarlledu grwpiau ifanc ar dy raglen foreol. Diolch am gymaint.

ARFON RHYS O ROSTRYFAN

Dylid gosod cofgolofn iddo wrth adeilad ein Senedd yng Nghaerdydd. Diolch, Ray, a heddwch.

Adra

'There is a town in North Ontario',
medda Neil Young yn ei gân.
'Sweet home Alabama',
medda Skynyrd rownd y tân.
'Rwy'n mynd 'nôl i Flaenau Ffestiniog',
medda'r hen Debot Piws.
'Take me home, country road',
medda Denver, ond be di'r iws?

'Does unman yn debyg i adra',
meddan nhw wrtha fi.
Does unman yn debyg i adra, na,
ond ma adra'n debyg iawn i chdi.

Dwn i ddim i lle dwi'n mynd,
dwn i ddim lle dwi 'di bod.
'Sgin i'm syniad lle dwi rŵan hyn,
a Duw a ŵyr lle dwi fod.
Dwi 'di cysgu dan y sêr yn y Sahara,
ac aros ar 'yn nhraed drwy'r nos ym Mhrag.
Dwi 'di dawnsio ar fynydd hefo ffrindia newydd,
a deffro ar awyren wag.

'Does unman yn debyg i adra',
meddan nhw wrtha fi.
Does unman yn debyg i adra, na,
ond ma adra'n debyg iawn i chdi.

Fy nghynefin yw fy nefoedd,
a bro fy mebyd yw fy myd.
Nabod fama cystal â fi fy hun,

felly pam dwi ar goll o hyd?
'Sgin i'm map a sgin i'm arwydd,
a sgin i'm *Rough Guide* ar y daith.
Dwi'n cau fy llygaid ac agor fy enaid,
a dilyn lôn dy lais.
Dwi'n cau fy llygaid ac agor fy enaid,
a dilyn lôn dy lais.

'Does unman yn debyg i adra',
meddan nhw wrtha fi.
Does unman yn debyg i adra, na;
ond ma adra'n debyg iawn i chdi.
Ma adra'n debyg iawn i chdi.

Y gân a ganwyd gan **Gwyneth Glyn** *yn yr angladd ar y Strade*

'Cawn ddweud Nos Da heb ddweud Ffarwél...'

B U FARW AM saith o'r gloch ar ddydd olaf mis Hydref 2007 yn Calle Vesc, Benissa, Alicante, Sbaen. Roedd fel brawd i mi; brawd bach arall, oherwydd Ger yw fy mrawd bach go iawn, ond trwy ryw ryfedd ras a ffawd, bu'r tri ohonom yn frodyr triw i'n gilydd am gyfnod o 30 mlynedd.

Ray oedd e i fi, a John O'Dreams oeddwn i iddo fe. Roedd e'n angor trwy gydol ein perthynas, ond yn bwysicach, roedd yn gwmpawd – cwmpawd fy nghalon.

Ger ffoniodd am 10 o'r gloch ar y noson nad aiff yn angof, ac ynganu'r geiriau, 'Mae Ray wedi marw'. Fel miloedd ledled y byd, brathwyd fi'n ingol y foment honno. 'Ing', am ryw reswm, oedd un o eiriau Ray. 'Ing, Johnnie, gair biggy-wiggy.' Roedd e'n iawn, fel arfer.

Daeth Mari a'r merched yn ôl i'r Mynydd drannoeth ac aeth Elin a minnau lawr i Brynhyfryd i'w cyfarfod – fel y gwnaeth y fyddin fach o gymdogion gwych. Sioc a siom a chariad a'r annisgrifiadwy yn llenwi pob ystafell yn yr hen dŷ; felly'r teledu a'r radio a'r ffôn.

Y nod cyntaf oedd ei gael e adre. Gwnaeth biwrocratiaeth Sbaen beri poen ar y pryd, ond, gyda doethineb trannoeth, bu'r oedi'n fendith. Cawsom amser i baratoi.

O ran y trefnu, yr un a oedd wrth y llyw yn Llanelli oedd Rob (Robert Williams – pennaeth WRW, prif noddwr y Scarlets), ffrind annwyl i Ray a'r teulu. Yn ei swyddfa bu llond dwrn ohonom yn gwneud ein gorau glas i sicrhau fod y 'Legend', chwedl y tabloids, yn cael yr hyn roedd yn ei haeddu. Haeddiant i'r 'Legend', ie, ond hefyd i'r tad, y gŵr, y capelwr, a'r unigolyn hael a chymhleth. O amgylch y ford roedd Pinky (Adrian Howells), Stuart Gallagher a John Daniel (Clwb y Scarlets), Eamon Duffy (ffrind o Iwerddon), Ian Llywellyn (Cyngor Sir Gaerfyrddin), Ian Miles (Heddlu Dyfed Powys), Eirug, Debbie a Heather (WRW), a Ger, pob un ohonynt yn eu hiraeth am wneud eu gorau i unig fab Jac a Nina.

O'r diwedd daeth y newydd o Sbaen fod yr awdurdodau priodol wedi cwblhau eu gwaith a bod awyren am ei gludo yn ôl i Rhŵs ar nos Wener. Cyrhaeddodd yn y gwyll; roeddem ni yno i'w dderbyn; daeth neges bod caniatâd inni fynd i'r *cargo area*, ac yno, wedi ei orchuddio â'r Ddraig, roedd e. Safai staff yr awyrendy fel chwaraewyr mud yn y drasiedi fawr – 'Haard Kaardiff' yn deall i'r dim – eu cotiau melyn llachar yn sgleinio yng ngolau'r lampau. Rhoddwyd ef mewn hers a heb unrhyw arwydd fe wnaethom hanner cylch o amgylch drws cefn agored yr hers. Gweddïodd y Parch. Meirion Evans yn fyr ac yn syml drwy ei ddagrau gan afael yn dynn yn Mari. Nid oedd Meirion ar ei ben ei hun o ran y dagrau.

Rhyfeddais at bresenoldeb yr urddas mewn lle mor ddiurddas, y dynion melyn yn llonydd-benisel, yr hebryngwr a'i het silc uchel a *tails* – D. Cesar Jones, dyn dramatig, fel ei ofal gwerthfawr – a ninnau'n gafael yn glwt yn ein gilydd ac yn ceisio bod yn gryf i Mari.

Wedi'r gwasanaeth dirdynnol heb gapel nac Eglwys, caewyd drws cefn yr hers. Cerddodd Cesar o'r *cargo area*, a'n harwain yn araf bwrpasol i'r ffordd fawr. Fel hebryngwr, roedd wedi llwyr haeddu ei deitl. Yna cychwynnodd y daith adref i'r gorllewin – ar hyd lonydd Morgannwg ac ar hyd yr M4. Roedd Ray wedi glanio adre ar dir a daear Cymru, ac, ys gwedodd Meirion, 'Ei di byth â'n gadael ni eto, Grav; adre fyddi di rhagor'.

Mae Mari'n arbennig; dim ond rhywun arbennig fyddai wedi llwyddo mewn priodas gyda Ray, a doedd neb yn gwybod hynna'n well na'r gŵr oedd o dan y Ddraig.

Gwnaeth Mari gais y noson honno. 'Mae Ray wedi cael digon o olwynion yn ddiweddar, felly dim troli, ond ysgwyddo piau hi.' Cafodd chwe gŵr y fraint o'i gario i festri capel yng Nghaerfyrddin y noson honno. I gyfeiliant organ yn cael ei chwarae'n dawel, gosodwyd Ray ar ddwy dresl i orwedd ar y llinell draddodiadol Dwyrain/ Gorllewin.

Wedi gweddi gan Meirion, eto'n gryno, eto'n atgyfnerthu, rhaid oedd, am nawr, adael Ray a mynd yn ôl i'r Mynydd. Moment anodd iawn i Mari.

Erbyn hyn, roedd y realiti erchyll yn dwysáu, a phawb, yn ddigon naturiol, am wybod beth oedd y trefniadau er mwyn gallu talu'r deyrnged olaf – pobol leol, pobol o bob cwr a phobol y cyfryngau. Mari, eto fel y graig, yn glir yn ei dymuniad, 'Angladd i bawb – yn y Strade – 'na beth fyddai Ray isie!' Trin y cae fel capel, am awr; dim seddi cadw i'r crach – pawb yn cael taflen a phawb i gymryd rhan. Penderfynwyd, felly, o amgylch y ford gyfarwydd mai un o'r gloch ar ddydd Iau fyddai'r gwasanaeth yn y Strade, ac wedyn yn Amlosgfa Llanelli.

Mae dewis yn anodd rhyfeddol weithiau, ond oherwydd rhyw gyd-ddyheu rhyfeddol, cafwyd cynrychiolwyr abl a theilwng i gymryd rhan yn y ddwy ddefod, ac aethpwyd ati i roi trefn ar eu cyfraniadau.

Côr Meibion Llanelli, Band Pres Porthtywyn; Rhodri Morgan, Gwyneth Glyn, Hywel Teifi Edwards, Dafydd Iwan, Gerald Davies, Robin McBryde, Caryl Williams, Y Parch. Eldon Phillips, Y Parch. Meirion Evans, Robin Davies, Sara a Sioned Dafydd (cludwyr y baneri), Delme

Thomas, Derek Quinnell, Gareth Jenkins, Simon Easterby, Stephen Jones, Dwayne Peel (cludwyr Ray).

Ni bu dynoliaeth erioed mor wych a hardd nag yn ystod y bythefnos honno. Hoffwn nodi un enghraifft fach, sy ar y wyneb yn ymddangos yn ddi-nod, ond i mi mae'n cynrychioli ysbryd y cyfnod paratoi. Roedd hi'n nos Fawrth; noson wlyb ddiflas, a'r llifoleuadau yn llenwi'r Strade ag awyrgylch afreal. Wrthi'n brysur ar ganol y cae roedd cwmni adeiladu pebyll. Eu tasg oedd codi anferth o farci lle byddai'r côr o gant yn eistedd, a hefyd y man lle byddai pawb a fyddai'n cymryd rhan yn ymgynnull.

Rhaid oedd codi to drostynt – ni allem fentro gadael pobol ar drugaredd yr elfennau ar y dydd Iau. Doedd dim dou y byddai'r babell enfawr yn gaffaeliad o ran y tywydd ond, o ran y lluniau ar y teledu ac, yn bwysicach fyth o safbwynt pawb a fyddai yn y Strade, roedd yn gyfyngder salw. Roeddwn i wedi poeni ers nosweithiau am hyn.

Yna daeth Dave heibio – ar ei dractor coch. Dave Jones, groundsman y Strade. Wedi rhyw fân siarad rhannais fy ngofid wrth i'r glaw ein gwlychu'n domen; edrychodd i fyw fy llygaid, ac yn dawel iawn dywedodd, 'Dyw hi ddim yn mynd i fwrw dydd Iau'. Credais ef yn syth ac yn ddi-oed gofynnais yn garedig i fois y babell i gael gwared arni. Heb gŵyn, o fewn yr awr, roedd y canol yn glir. Diolch, Dave – gan i'r cae edrych mor arbennig ym mhelydrau'r haul godidog bnawn y gwasanaeth.

Ar y dydd Mercher buom yn ymarfer pob dim a phawb unwaith eto'n rhoi o'u gorau. Roeddwn wedi edmygu cludwyr Ray cyn hynny, ond wedi cydweithio â nhw, ehedodd fy edmygedd. Bu Rhydian a Rhodri John – y ddau wedi cydweithio cymaint gyda Ray wrth ddarlledu gêmau rygbi – yn ogystal â Ger a mi'n trafod y trefniadau yn ystafell y chwaraewyr ar y Strade. Roeddem yn gytûn ym mêr ein hesgyrn y byddai'r ddefod y diwrnod wedyn, am un o'r gloch, yn urddasol ac yn deilwng.

Am 11:45 ar ddydd Iau ym Mrynhyfryd bu gwasanaeth yn y tŷ wedi ei drefnu'n ofalus gan Glanmor Davies Evans – yr hebryngwr lleol. Sicrhaodd fod Ray wedi ei gludo yno'n gynnar y bore hwnnw fel y byddai modd gwneud ei olaf daith o'r Mynydd i Lanelli (yn hytrach nag o Gaerfyrddin). Gwnaethai Ray y daith honno o'r Mynydd i Lanelli filoedd o weithiau er pan oedd yn grwt: taith a oedd wedi agor drysau iddo; taith a oedd bob amser, tan y foment honno, wedi cynnwys dychwelyd i'r Mynydd. Adre.

Trwy gydweithrediad parod yr Heddlu, cludwyd y teulu bach a'u ffrindiau yn Renaults llwyd David Gravell – gŵr y garej a fu dros y blynyddoedd yn ffrind agos i Ray. Yn araf aethpwyd drwy Drimsaran, pentref genedigol Mari, lle chwifiwyd baneri Cymru a phlant yr ysgol leol yn curo dwylo'n fyrfyfyr wrth i'w harwr fynd heibio.

I'r eiliad, cyrraedd Heol Maes y Coed a throi at gatiau coch y Strade a'r rheiny wedi eu haddurno â theyrngedau i Ray: 'Gweld isie ti, Ray Bach.' 'Diolch am fod yn Ray.' *'We'll miss you so much. (BBC Riggers) P.S. Do they do a cuppa in Heaven?'*

Unwaith eto ar flaen yr hers roedd Glanmor yn araf arwain yr osgordd drwy ddwy reng goch, carfan y Sgarlets; hwythau'n dangos eu parch, pob un yn llonydd wrth weld cawr y clwb yn ymweld â'i faes chwarae am y tro olaf.

Parth parch yn creu mytholeg. Bu Robin McBryde yn gadarn ac yn glòs i Ray a Chleddyf yr Orsedd yn gadwyn rhyngddynt. Ymgeledd cawr i gawr arall, a'r llonyddwch yn huawdl. Roedd fel petai pawb a gymerodd ran yn creu undod a chryfder. Fel un, fe wnaethon nhw gyfarch 'grym graslonrwydd' canolwr rhif 13.

'Dafydd y Garreg Wen' ar dannau telyn Caryl Williams

a glywyd wrth i'r osgordd gyrraedd, ac 'Athanrye' wrth iddynt ymadael. Rhaid oedd cael elfen Wyddelig. Wedi awr o wrando angerddol a'r osgordd ar fin gadael, bu curo dwylo byddarol a llefen tawel.

Delwedd ddychrynllyd yw'r llun hwnnw o'r tu cefn o 'rheng flaen' bywyd Ray – Mari yn y canol yn cofleidio'r 'props', Manon a Gwenan. Rhaid yn awr oedd iddynt wynebu'r amlosgfa.

Yno, Aled Gwyn, Frank Hennessey, Clive Rowlands a Ger fu'n talu teyrngedau gan greu naws arbennig. Roedd gra'n ar y cyfan – ôl meddwl, ôl teimlo. 'Teimla 'da dy feddwl, a meddwl 'da dy galon.' Dyna un o'r miloedd o syniadau di-drefn y bu Ray a minnau'n eu trafod – dros gimwch a gwin a chips yn y Borth.

Yn frawychus o sydyn roedd y defodau o gysegru ei enaid i ofal Duw yn dirwyn i ben. Ond roedd un gwasanaeth ar ôl, a hwnnw'n dra phwysig, gan mai gwasanaeth i Manon a Gwenan oedd hwn i fod ar fore Gwener, drannoeth yn Horeb. Capel lled cae rygbi o Frynhyfryd, lle arferai Ray addoli.

Cyd-ddigwyddiad eironig oedd ei bod hi'n ddiwrnod Plant mewn Angen. Penderfyniad y merched oedd y dylid neud casgliad i'r achos hwnnw, a chasglwyd £500. Haelioni nodweddiadol y teulu. Bu'r gwasanaeth yng nghwmni Eamon (Gwyddel a gwas priodas), Catrin Jones, ffrind a ganodd o'r galon, Tim Hayes, un o athrawon Manon ym Mro Myrddin a ddarllenodd Salm, a Dafydd Hywel a ddwys ganodd un o ffefrynnau Ray gan fod y gân yn ei atgoffa o'i dad:

Oh, I never will forget him
For he made me what I am,
He may be gone

Memories linger on
But I miss him, my old man.

Clowyd y gwasanaeth gan Caryl (Bardd Cenedlaethol Plant Cymru) yn cyfathrebu'n berffaith â Manon a Gwenan drwy gyflwyno cerdd a ysgrifennodd er cof am eu tad hwythau:

'Odi'n laish i'n iawn? Hei! Smaci bots!
Manon? Pwy ti'n caru?
Gwenan dere kiss i Dad,
Mari, le ma'n bants i?

Ti'n gorgeous reit? Ti'n gwbod 'ny?
GORGEOUS! Wi'n gweu 'tho ti'n streit!
23 caps, 4 tests – Tip Top!
Hei gwe' 'tho i, o'dd hwnna'n oreit?
Ma RHAID ti ddod i'r Strade!
Ni'n maeddu pawb yn rhacs.
Fi 'di gwel' y bois yn y showers...
A ma 'da nhw i gyd EIGHT packs!

'Drycha ar y view 'ma... drych!
Ma'r lle gore yn y byd,
Onest nawr... West is Best!
Lico'r watch?... R'yn ni yma o hyd!

Dere lan 'ma UNRHYW bryd,
Ti'n gwbod bo' croeso i ti,
Cer â hwn 'da ti...

a rho'r rhain i'r plant...
Wi ddim rhy dene, odw i?'

Diolch, Ray, am bob un gair,
Am bob un wên a deigryn,
Am ein codi i rywle gwell,
Am bob dydd, am bob munudyn,
Am feddwl dim ond pethe da,
Am ein troi ni tua'r gole...
O'dd, Ray, o'dd hwnna'n oreit,
Ac ie, ti *yw* y gore.

Erbyn hyn mae'n Ŵyl Ddewi 2008 – pedwar mis ers
ei golli. Pedwar mis, pedair blynedd, pedwar degawd,
pedair canrif ... dwn i ddim am amser ... ond gwn yn glir
na fydd e byth farw tra bydd yma Gymry.
"Nos Da", Ray.'

JOHN O'DREAMS (JOHN HEFIN)

Hwyl fawr Grav.

Rydym yn mynd i weld eich eisiau yn fawr iawn!

Chris + Rebecca

xxx